行政执法解释理论与实务技术操作

行政执法决定的方法

夏云峰 / 著

XINGZHENGZHIFA JIESHI
LILUN YU SHIWU JISHUCAOZUO
XINGZHENGZHIFAJUEDINGDEFANGFA

中国法制出版社
CHINA LEGAL PUBLISHING HOUSE

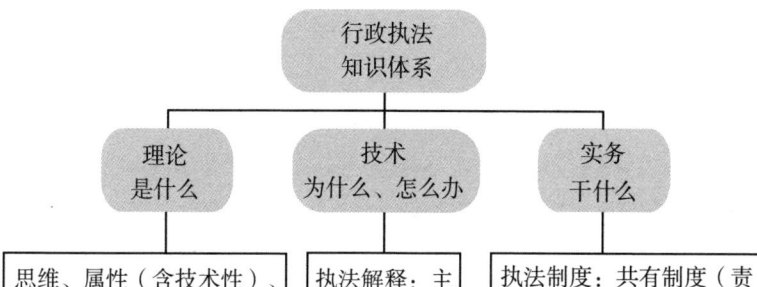

```
                    ┌─────────────┐
                    │  行政执法   │
                    │  知识体系   │
                    └──────┬──────┘
         ┌─────────────────┼─────────────────┐
    ┌────┴────┐        ┌───┴────┐       ┌────┴────┐
    │  理论   │        │  技术  │       │  实务   │
    │ 是什么  │        │为什么、│       │ 干什么  │
    │         │        │ 怎么办 │       │         │
    └─────────┘        └────────┘       └─────────┘
```

理论	技术	实务
思维、属性（含技术性）、伦理、原则、事项、组织、相对人、依据、根据、证据、理由、决定、行为与程序、成立与有效、案件、文书、管理、环境、改革等	执法解释：主体、对象、准则、方法 技术规范：设计、制作、实施	执法制度：共有制度（责任、公示、全过程记录、法核、基准、质量管理、案例指导、统计分析、风险防控等），特有制度 执法办案：事项与案件、要件确定（方法）、要件表示（行为）、要件排列（程序）、要件表述（文书、案卷）等

作者的话

行政执法者如何正确理解行政执法，如何向社会公众、执法相对人、执法领导者、监督者、指导者正确说明行政执法，如何正确解释一个行政执法决定，如何正确作出一个行政执法决定，这些都是行政执法实践者和研究者需要认真思考的重要行政执法问题，也是本书的研究内容。

本书侧重行政执法解释和行政执法决定方法，也是笔者构筑的行政执法基本知识"三部曲"理论、技术和实务的第三部——行政执法技术方面的书籍。在法学上，法律解释一直作为法律技术存在，在行政执法学上我们也将行政执法解释作为行政执法技术。同时，本书还是《普通行政执法学》行政执法要件要素研究的深化，《普通行政执法学》侧重的是执法组织方面权力行使要件要素，本书则侧重于执法相对人方面法律行为构成要件要素，通过确定要件要素来探寻行政执法决定的方法，这是一种法学方法。行政执法技术、行政执法解释、行政执法要件、行政执法决定方法四者之间的关系是，行政执法技术包含行政执法解释，行政执法解释的对象是行政执法要件，行政执法解释的目的是通过解释执法要件来探寻正确作出行政执法决定的方法，技术和解释都是实现正确作出行政执法决定这一目的的手段，行政执法要件贯穿于其他三者之中。所有的行政执法知识都是为实践中行政执法办案服务的，从突出知识实践性的角度确定了本书书名。

第一章概括介绍了法律解释方面的一般知识，主要观点是，法律概念的内涵对立法者来说应当是确定的，不确定的是法律概念的外延以及表示法律概念的法律语词，对于执法者来说，关键是要通过法律语词弄清法律概念的内涵即立法者原意，以此正确把握行政执法依据。本章中着重提出了行政执法解释是对行政执法活动的解释，是对以决定要件为中心的行政执法要件要素的解释，而不是对行政法的解释，两种解释有联系，但存在很大差别。法律解释和行政法解释不是本书的主要讨论内容，但属行政执法必要知识。

第二章讨论了行政执法解释主体和解释对象，他们都是从"谁决定，谁解释"这一解释原则推导而来的。行政执法解释的主体是作出执法决定的执法组织和每一个参与决定作出的执法人员，行政执法解释的对象是决定要件以及构成决定的各种行政执法要件要素，重点讨论了几种分类要件。同时，提出行政执法解释一体性概念，讨论了行政执法解释维度问题。

第三章讨论了行政执法解释的四个准则，即遵循决定原意，具有材料支撑，坚持执法话语，运用理论解释。这四个准则是行政执法及其解释工作中应当坚持的工作准则，能够保证行政执法及其解释在大方向上不出差错。不遵循决定原意会造成法律执行错误或者违背行政诚信原则，没有材料支撑的行政执法是一种武断和任性，不坚持执法话语则会导致执法正当性大大削弱，执法重点也会相当模糊，难以提高执法绩效，不运用理论解释就会偏离法律理性，不利于社会进步，而不运用常识解释，则会使行政执法因为违背人性难以容于社会。

第四章是本书的重点，讨论的是行政执法解释方法问题。行政执法解释方法就是行政执法决定方法，它们以行政执法要件要素相连接，通过解释作为行政执法解释对象的行政执法要件要素的方法来达到探寻行政执法决定一般方法的目的。构成要件方法是法学理论界和法律实务界普遍承认的一种正确认识和适用执行法律的科学方法，是一种法治思维方式，是法律"三段论"这种最重要法律思维方式的组成部分。构成要件方法同样适用于以法律性为第一性的行政执法，是形成行政执法理由、作出行政执法决定的必备方法。行政工作存在"重点工作"思维，行政执法构成要件就是行政执法办案知识的重点。在这一章中我们参考法学上，特别是同为公法理论的刑法学上的要件理论，系统性构建了行政执法（行政法）要件体系，讨论了行政执法构成要件的基本含义、结构、类别、地位等问题，着重通过理论和列举大量事例的方式讨论了规范要件和要件事实的确定方法问题，对于在无法确定案件要件事实的情况下如何作出执法决定进行了分析。

本书的阅读对象为行政执法人员，执法领导者、指导者、监督者和行政执法研究者，写法上力求简洁明了，深浅适度。全书围绕行政执法要件、行政执法事项、行政执法案件来解释行政执法，探求行政执法决定方法。要完全理解本书内容需要联系《普通行政执法学》和《行政执法重点实务业务工作》，它们是行政执法基本知识整体中技术、理论和实务的一部分，要理解整体先要理解部分，要理解部分先要理解整体，即所谓的解释循环，对任何知识的理解学习都是在这种解释循环中不断深化的。

这些年，随着对行政执法研究和实践工作的深入，笔者越来越感觉到现有行政法学理论体系在整体构架和具体内容上还有非常大的改进空间。无论2000年开始在基层从事执法指导监督工作，还是2006年调到省上从事执法指导监督工作，这20年来，在行政法实践中，很少看到省、市、县三级行政法实践工作者运用行政法理论解决行政法实践问题，无论是在行政立法还是在行政执法、行政司法工作中均是如此。这种情况与刑法理论的应用形成了强烈反差，仅就刑事执法而言，刑事执法办案言必称犯罪构成要件已是共识。就行政执法而言，从整体来说，当前实践中执法人员还基本没有行政执法要件要素这种观念，还处在自发的各说各话的阶段，这显然不是一种法治思维、法治方式，不形成统一以行政执法要件为中心的执法话语体系，如何真正提高执法质量和效率呢？造成这种情况的原因固然很多，其中的重要原因是现有的行政法学理论知识体系和行政法教育在一定程度上脱离了行政法实践实际，它更多的是一种行政立法和行政司法理论教育，而很少是行政执法理论教育，行政法实践首先应当是行政执法实践，其次才是行政立法和行政司法实践，"政府是执法主体"，而不是立法主体或司法主体。既然我们将行政法学定位为应用理论，就应当围绕行政执法实践这个行政法实践中心去系统性建构理论，既不能以行政立法、司法为中心，也不能离行政执法实际太远。

实现以问题为导向，保持行政法学长久的生命力和旺盛的应用力，可以对现有行政法学理论体系作以下改进：明确地将行政法学理论体系划分为行政立法学、行政执法学和行政司法学三个方向，将这种分类方法作为行政法理论的主要分类方法之一（与主体论、行为论、监督救济论分法同等重要）。在行政立法学上，主要研究行政立法理论，行政立法政策，行政立法技术，以回应"科学立法"的实践需要。在行政执法学上，主要研究行政执法理论，行政执法技术，行政执法实务（制度），将行政执法要件要素贯穿始终，以回应"严格执法"的实践需要。在行政司法学上，主要研究行政诉讼和行政复议理论，行政诉讼和行政复议技术，行政诉讼和行政复议实务（制度），以回应"公正司法"的实践需要。同时，建立健全三个类别系统的大学教育和岗前、岗中培训体系，分类别地加强行政法治理论和实践人才培养培训力度，真正实现行政法理论和实践知识"所学即所用""所用即所学"。实现以上两点，将会极大提高行政法学应用能力，会更好地促进我国行政法治水平的提升，对于形成以行政执法要件为中心的统一执法话语体系、提升行政执法质效，更是非常重要的。

就形成统一行政执法话语体系而言，实践中已经建立起各种行政执法事项清单，下一步就要将这些清单执法事项科学细化，特别是依法正确确定执法事项要件要素并落实到具体的执法案件之中，这将显著地促进统一执法话语形成，显著地提高行政执法质效。行政执法办案是行政执法的"本"，行政执法质效提升主要是通过一个个执法案件的高水平办理体现，行政执法制度主要是为提升行政执法质效目的存在的，最终都必须落脚在执法办案这个"本"上。我们看一个行政执法单位工作如何，不仅要看它有多少制度，更要看它是否办案，案件办得怎么样，在案件中把相关制度落实得怎么样。执法人员的水平主要体现在执法办案中，执法领导者、指导者、监督者的水平也主要体现在对执法案件的领导、指导、监督上，行政执法理论和实践工作一定要以行政执法办案为中心，以提升行政执法办案质效为目的。

以行政执法要件要素来解释行政执法活动，不仅对实践中执法办案和提升行政执法质效具有极其重要的理论和现实意义，对于统一法律执行也具有特别重要的意义。就拿行政执法与刑事司法衔接来说，如果不在理论和实践上建立健全行政执法要件要素体系并与犯罪构成要件对接，形成较为统一的认识，则无论将两法衔接程序、手续规定得多么完备细致，行政违法案件移送为刑事犯罪案件都会存在很大困难，因为两种案件的转化缺乏要件要素这种基本接口。行政执法系统内部案件处理的统一、行政执法与民事司法案件的衔接以及行政执法与监督行政执法（包括行政诉讼、复议等）的统一，也都涉及行政执法要件要素问题。行政执法要件要素是统一法律执行在行政执法上的一个基本问题，也是统一法律执行对行政执法的一项基本要求，目前来看，要统一各类法律执行（适用）必须以（构成）要件要素为共同基础，（构成）要件要素是各类法律执行（适用）的共同话语。上述观点以及本书内容都只是笔者在借鉴前人智慧基础上的个人思考，还有很多需要讨论的地方，仅作抛砖引玉之用。

我国行政法学家姜明安教授指导了本书写作，中央党校（国家行政学院）李勇教授，西北政法大学姬亚平教授，司法部行政执法协调监督局赵振华局长，原国务院法制办谢莉处长，司法部行政执法协调监督局袁雪石、彭飞、我的师弟官建、赵楠等同志为本书完善提出了宝贵意见。陕西省司法厅董劲威、姚会芳副厅长、梁云波处长给予了支持。一并表示诚挚谢意。

中国法制出版社谢雯同志已经是我第三本书的责编了，为这三本书的出版发行做了大量艰苦细致的工作，认真负责，真诚热心，处处为读者和作者着想，给我留下了深刻印象，深表感谢。

2019年7月于陕西省司法厅

目 录

第一章　什么是行政执法解释 ················ 1

第一节　解释、法律解释、行政解释 ············ 1

第一题　解释和法律解释的一般含义 ············ 1

第二题　法律解释源于理解说明法律的需要和所谓
　　　　的法律不确定性 ····················· 6

第三题　对于立法者，法律应当是确定的 ········· 8

第四题　执法者和司法者法律解释最主要的是应当
　　　　以立法者立法意志为依归 ············· 11

第五题　什么才是立法者意志 ················· 13

第六题　法律概念与法律语词的不确定 ·········· 15

第七题　法律概念所指称事物的不确定性 ········ 18

第八题　关于法律规范和法律原则的确定性问题 ·· 21

第九题　关于法律概念的统一 ················· 25

第十题　我国的行政解释研究 ················· 27

第二节　行政执法解释 ······················ 29

第一题　行政执法解释是行政执法的性质而不是权力 ···· 29

第二题　行政执法解释不完全是法律解释 ········ 33

第三题　行政执法解释解释的是行政执法全要素和各关系，不仅仅解释行政执法法律依据 ………… 35

　　第四题　行政执法解释既是对行政执法决定形成过程的建构也是重述 ……………………………… 38

　　第五题　从整体的角度全面研究行政执法解释 …… 40

第二章　行政执法解释主体和解释对象 …………… 42

第一节　谁决定，谁解释 ……………………………… 42

　　第一题　常理的角度 …………………………………… 42

　　第二题　控权的角度 …………………………………… 43

　　第三题　依法执法的角度 ……………………………… 43

　　第四题　法律权利义务角度 …………………………… 44

第二节　解释主体：既是行政执法组织也是行政执法人员 ……………………………………………… 45

　　第一题　从执法组织目标看 …………………………… 45

　　第二题　从执法组织意志看 …………………………… 46

　　第三题　从执法组织行为看 …………………………… 47

　　第四题　解释名义 ……………………………………… 48

第三节　解释对象：行政执法决定及其构成要件要素 … 49

　　第一题　对行政执法决定的解释 ……………………… 49

　　第二题　对决定构成要件要素种类和层次的解释 …… 61

　　第三题　对依申请决定构成实体要件要素的解释 …… 64

　　第四题　对执法组织角度决定构成程序要件的解释 … 66

　　第五题　对行政执法相对人法律行为构成程序要件的解释 ……………………………………………… 68

第六题　对执法决定及其构成要件要素解释的一体性 ……… 71

　　第七题　从更广阔的视角解释行政执法——行政执法的维度：从一维到五维 ……… 73

第三章　行政执法解释准则 ……… 79
  第一节　遵循决定原意 ……… 80
　　第一题　规范意义上的遵循决定原意准则——行政执法上的法律解释 ……… 81
　　第二题　实践意义上的遵循决定原意准则——行政执法上的"有"和"是" ……… 83
  第二节　具有材料支撑 ……… 90
　　第一题　什么是行政执法材料 ……… 90
　　第二题　要素材料、关系材料和相关材料 ……… 91
　　第三题　从是否在解释时必须使用的角度理解上述分类材料 ……… 93
　　第四题　不得使用和考虑的材料 ……… 96
　　第五题　执法材料的提供与取得 ……… 97
  第三节　坚持执法话语 ……… 98
　　第一题　行政执法是一种交往商谈 ……… 98
　　第二题　商谈增强行政执法解释的正当性 ……… 102
　　第三题　行政执法的话语与言说 ……… 105
  第四节　运用理论解释 ……… 113
　　第一题　哪些事实可以作为常识内容和理论对象 ……… 113
　　第二题　行政执法常识解释与理论解释 ……… 115

第三题 行政执法理论构造方法导致理论解释可能
         与常理解释出现冲突 ………………………… 118
   第四题 在坚持行政执法理论解释的前提下发挥执
         法常识的辅助解释作用，实现行政执法法
         律效果、行政效果和社会效果的统一 ……… 120
   第五题 行政执法常识解释优先的例外情况 ………… 123

第四章 行政执法解释方法：行政执法决定的方法 …… 127
 第一节 关于构成要件 ……………………………………… 130
   第一题 构成要件的三个面相——理论上的、法律
         上的、案件上的构成要件 …………………… 131
   第二题 与构成要件密切相关的阻却要件 …………… 138
   第三题 构成要件理论在行政法学理论体系上没有
         得到应有的地位 ……………………………… 141
   第四题 成立要件、构成要件、有效要件 …………… 143
   第五题 行政执法构成要件要素 ……………………… 146
 第二节 法律上的构成要件要素之确定 …………………… 151
   第一题 执法相对人事项法律归纳确定的方式——
         行为构成要件要素 …………………………… 151
   第二题 以分析行政实体法法典分则条文的方法确
         定要件要素 …………………………………… 153
   第三题 以分析行政实体法法典总则条文的方法确
         定要件要素 …………………………………… 157
   第四题 以分析行政程序法法典条文的方法确定要
         件要素 ………………………………………… 159

第五题　以分析行政文件的方法确定要件要素 …… 161
第六题　以分析司法解释的方法确定要件要素 …… 162
第七题　以推定的方法确定要件要素 …………… 168
第八题　阻却决定的要件要素确定 ………………… 178
第九题　决定阻却要件要素转化为决定构成要件要素 … 180
第十题　关于行政执法要件要素结构的总结 ……… 183

第三节　案件上的构成要件要素事实之确定 ………… 187
第一题　案件要件事实确定是作出执法决定的小前提 … 188
第二题　案件要件事实确定是事实是否存在以及是
　　　　否具有对应于规范上的构成要件所指示的
　　　　性质 …………………………………………… 190
第三题　案件要件事实确定是指达到该事实之证明
　　　　标准 …………………………………………… 191
第四题　以证据方法确定案件要件事实 …………… 196
第五题　以推定方法确定案件要件事实 …………… 206
第六题　以认知方法确定案件要件事实 …………… 212

第四节　案件要件事实不能确定时的决定方法 ……… 215
第一题　关于要件事实确定以及对应的决定作出的
　　　　简要回顾 ……………………………………… 215
第二题　何为要件事实不确定 ……………………… 217
第三题　要件事实不确定情况下作出执法决定的一
　　　　般理论：与民事诉讼证明责任理论比较 …… 217
第四题　要件事实不能确定时的决定方法 ………… 223

主要参考文献 …………………………………………… 226

第一章　什么是行政执法解释

本章所讨论的主要问题是：对解释、法律解释和行政解释作简要说明分析，为研究行政执法解释做一铺垫。分析行政执法解释概念。呼吁着眼于普遍行政执法活动，开展行政执法及其解释研究。

第一节　解释、法律解释、行政解释

从现有研究情况看，一般而言，行政执法解释被放在法律解释框架内研究（尽管这是两个不同的问题，应当分开，见后文），因此在探讨行政执法解释之前有必要简要了解解释、法律解释、行政解释以及与之关联的法律的不确定性等问题。

第一题　解释和法律解释的一般含义

解释作为日常用语，是指分析说明。解释作为一个专门的知识概念，在不同的知识领域有不同的含义。在解释学的范畴里，据梁慧星老师所著《民法解释学》研究，对解释的理解有方法论意义和本体论意义上的不同，也有一般解释学和具体解释学上的联系与区别。

在法律解释学上，解释的含义与法律联系在一起，据张志铭老师所著《法律解释学》研究，法律解释的定义有十几种，他将法律解释定义为："法律解释是对法律文本的意思的理解和说明。其中用词的基本含义是：'法律'主要指制定法；'法律文本'指'法律条文'；'意思'也即通常所说的'含义''意义'，包括内涵和外延，或者说'含义'和'指称'；'理解'指解释者对法律文本意思的内心把握；'说明'指对理解结果的外在展示。简单地说，法律解释就是解释者将自己对法律文本意思的理解通过某种方式展示出来。"这个定义揭示了法律解释概念的内涵。法律解释在外延上按照解释主体、解释对象和解释内容抽象与具体的不同，可以指称立法机关对法律的解释，行政机关对法律的解释，司法机关对法律的解释，学者及其他人对法律的解释，前三者为有权解释，后者为无权解释（其解释不具有当然的法律上的约束力而非不能解释）；也可以指称对法律的解释，对法规的解释，对规章的解释；还可以指称非针对特定案件的抽象解释，即立法性解释，以及针对特定案件的具体解释，即适用性解释；等等。例如，我国宪法规定，"中华人民共和国的一切权力属于人民"，这条规定即为法律文本、法律条文，对该文本、条文的理解和说明即为法律解释。

立法机关对法律的解释，如《全国人民代表大会常务委员会关于〈中华人民共和国香港特别行政区基本法〉第一百零四条的解释》（2016年11月7日第十二届全国人民代表大会常务委员会第二十四次会议通过）全文即是全国人大常委会对《中华人民共和国香港特别行政区基本法》的立法机关解释，为有权解释。

行政机关对法律的解释，如《中华人民共和国土地管理法实施条例》（1998年12月27日国务院令第256号发布，根据2011年1月8日《国务院关于废止和修改部分行政法规的决定》第一次修订，根据2014年7月29日《国务院关于修改部分行政法规的决定》第二次修订）全文即是国务院对《中华人民共和国土地管理法》的解释，是以行政法规的形式对法律进行解释（这种解释文件名称中多含有"实施"字样），为有权解释。又如《国务院关于贯彻实施〈中华人民共和国行政强制法〉的通知》（国发〔2011〕25号），既是对我国行政强制法贯彻实施的安排，部分内容也是对行政强制法的解释，是以行政文件（规定）的形式对法律进行解释，为有权解释。

司法机关的解释，如《最高人民法院关于适用〈中华人民共和国行政诉讼法〉若干问题的解释》（法释〔2015〕9号，最高人民法院审判委员会第1648次会议通过，自2015年5月1日起施行）全文即是最高人民法院对《中华人民共和国行政诉讼法》的解释，为有权解释。

学者及其他人对法律的解释，如《中华人民共和国行政许可法注解与配套》（国务院法制办公室编，中国法制出版社2017年版），该书即是原国务院法制办作为学者或其他人对《中华人民共和国行政许可法》的解释，虽然作者系国务院法制办公室，属于行政机关，但该书并非以行政机关的身份对许可法进行解释，也不是依照法定程序和形式对许可法进行解释，为无权解释。学者及其他人解释中的学者依照法理进行的解释一般被称为学理解释，尽管是无权解释，也是很重要的。参照梁慧星老师在《裁判的方法》一书中的说法，执法之人都首先得是学生，要从学习解释法律知识开始。以上几例都是对法律的解释。

对法规的解释，如《公共场所卫生管理条例实施细则》（国家卫生和计划生育委员会令第8号，2011年3月10日卫生部令第80号公布，根据2016年1月19日中华人民共和国国家卫生和计划生育委员会令第8号《国家卫生计生委关于修改〈外国医师来华短期行医暂行管理办法〉等8件部门规章的决定》修正）即是以部门规章形式对行政法规《公共场所卫生管理条例》进行解释。

对规章的解释，如《农业部办公厅关于兽药生产用原料有关问题答复的函》（农办医函〔2017〕17号）中"兽药生产所用的原料、辅料应当满足以下要求：一是已列入兽药管理范畴的兽药原料、辅料，应当符合兽药国家标准的规定；二是未列入兽药管理但已列入药品管理范畴的原料、辅料，应当符合药品国家标准的规定；三是不属于上述两类管理范畴的原料、辅料，应当符合相关兽药产品批准时认可的标准"的规定，即是对部门规章《兽药生产质量管理规范》（2002年3月19日农业部令第11号发布，根据2017年11月30日农业部令2017年第8号《农业部关于修改和废止部分规章、规范性文件的决定》修正）第四十三条"兽药生产所需的物料，应符合兽药标准、药品标准、包装材料标准、兽用生物制品规程或其他有关标准，不得对兽药的质量产生不良影响。进口兽药应有口岸兽药监察所的检验报告"的解释。以上解释均非针对特定案件的抽象解释，即立法性解释。

针对特定案件的具体解释，即适用性解释，如中国裁判文书网载《蒋晓丽与南通市崇川区城市管理行政执法局行政强制二审行政判决书》（〔2018〕苏06行终192号）中"《中华人民共和国城乡规划法》第六十八条规定，城乡规划主管部门作出责令停止建设或者限期拆除的决定后，当事人不停止建设或者逾期不拆除的，建设工程所在地县级以上地方人民政府可以责成有关部门采取查封施工现场、强制拆除等措施。从'责令停止建设'的规定内容看，该条针对的主要是正在进行中的违法建设行为，因为对于早已完工的历史建筑而言，作出责令停止建设的规定实无意义和必要。作为即时强制的强制拆除，与作为行政强制执行的强制拆除有着明显的不同，一般而言，针对正在进行的违法建设所采取的强制拆除，多为行政强制措施，对已经完成的违法建设采取的强制拆除，则属于行政强制执行。因此，根据特别法优先普通法的法律适用原则，在建建筑的处理应当依照《中华人民共和国城乡规划法》第六十八条的规定，对不听制止而继续建设的行为要进行及时处理，采取查封施工现场或者强制拆除等即时措施，不受《中华人民共和国行政强制法》规定的强制执行程序的限制"的表述，即是南通市中级人民法院在该案中对我国城乡规划法和行政强制法相关条文的具体解释（该解释是否合法是另外的问题）。这种解释是法院在个案中对与裁判有关的法律作出的解释，实际上是法官作出的解释，法官在个案中对与该案裁判有关的法律作出的解释即裁判解释是梁慧星老师在《裁判的方法》一书中所称的（民法）

法律解释学上的法律解释之一（另一个是学说解释），他认为（民法）法律解释不应包括立法解释和司法解释，尽管两者的解释方法、规则和理论与裁判解释相通。

法律解释仅是对法律文本的解释，不涉及实际存在的事实问题，即使该解释是在个案中因事实争议引发的，如上例行政诉讼中的具体解释，也仅是对法律文本的解释，至于解释后将相关事实代入解释文本之中以及对于事实的解释，则不属于法律解释问题（但属于行政执法解释问题，见后文）。

第二题　法律解释源于理解说明法律的需要和所谓的法律不确定性

法律解释以对法律文本的理解和说明为核心，以确定法律文本的含义和法律实施为目的。

从普遍意义上讲，无论是立法还是执法、司法或者守法都以对法律的理解为前提，在立法和执法、司法上还以说明为必要。理解法律是实施法律的基本前提，这对于立法、执法、司法和守法并无不同。在法律说明上，对立法而言，其作为宪法实施，立法者所立的每一部法律都应当建立在理解宪法的基础上，说明其立法行为得到了宪法的授权，其所立之法是宪法的授权事项。如《全国人民代表大会常务委员会关于〈中华人民共和国立法法修正案（草案）〉的说明》（2015年3月8日在第十二届全国人民代表大会第三次会议上）即是立法说明。法律之下的法律性规范性文件在制定时，制定者也必须说明它们的宪法或法律根据，这是一层。另一层，为了说明立法符合宪法和法律且为了法律的有效实施，也应当对所立之法作详细准确易懂的说明并予以公开。

对执法和司法而言，执法者和司法者需要依据法律规定，在不同场合，以不同方式，在理解的基础上向执法相对人和当事人说明所执之法和所适用之法，这是一层。另一层，执法和司法机关还负有向社会说明法律的责任，一种是平时的普法行为，即"谁执法、谁普法"，另一种是指执法公开和司法公开，向社会说明执法和司法依据、程序以及重大案件的依法公开等。守法者在自己或他人的法律权利实现和义务履行时，依据法律规定说明法律事项有时也是一种法律义务或者法律权利实现的前提。这种对法律理解和说明的过程就是法律解释的过程。

从特殊意义上讲，法律解释的存在还与法律的不确定性有关。学界一般认为法律存在部分不确定性，在法律中存在不确定法律概念和一般条款，存在法律漏洞，立法者、执法者和司法者必须运用法律解释的知识将这些不确定的方面加以确定，否则法律就无法执行适用，不能执行适用的法律不仅没有价值而且是一种社会资源的浪费。例如，"一切车辆禁止进入公园"的立法例，这里的"车辆"是否包含救火车，儿童玩具车可否进入公园等。

法律之所以存在不确定性有很多原因，按照胡建淼老师主编的《法律适用学》所归纳，至少有四个原因或者说法律解释四个方面的必要性，即法律的开放性，立法的滞后性，法律漏洞的存在，法律规范的冲突。有的学者还将对法律的裁量纳入法律解释之中，作为法律解释知识的一部分加以研究。

第三题　对于立法者，法律应当是确定的

以法学家的立场来看，法律必须是确定的。否定法律的确定性就是否定法律本身。如果一部法律的意思连立法者都不清楚，立法者都不知道他在规定什么，那这部法律该如何被执行呢？对立法者来说，法律应当是确定的。

法律的确定性是法律的内在性质之一，通过法律解释仍不能确定的规则不叫法律，要研究法律的不确定性使之确定，但不宜夸大法律的不确定性，或者得出法律是不确定的结论，否则会伤及法律的根本。以法律三要素——法律概念、法律规范和法律原则中最小要素法律概念为例，当说法律是确定的，指的是法律语词所表达的法律概念的内涵，即法律概念所反映的法律事物的属性是确定的。当说法律是不确定的，指的是法律概念内涵所关涉的外延，即特定属性所指称的事物有一定的不确定性，以及表示法律概念的语词有一定的不确定性。不确定性法律规范和法律原则都可以分解为法律概念加以认知确定。所谓以法律解释探求法律意旨，对于法律概念无非是确定其内涵和外延。

孟德斯鸠说，法是由事物的性质产生出来的必然关系。法律概念是法律事物属性的反映，若说作为概念内涵的属性是确定的，那这种属性是如何确定的？如同其他事物的属性确定源于人们认识所积累的社会常识（沉淀的经验知识）与科学和特定领域内的常识与科学一样（这样的属性才能被广泛接受），法律事物的属性源于社会常识与科学和法律、法学领域以及其他

相关特定领域内的常识与科学，它主要是一个认识问题，在一定程度上也是一个意志问题。一个在某一领域尚未变成常识（较为成熟）或者科学的事项是不能作为立法对象的，即使将其写入法律之中，也难以被很好地执行。在立法工程上，从社会事物中形成基于常识与科学的立法事项属性基本依靠归纳，依靠特定领域尤其是法律、法学领域的理论、研究和实践，对拟规定的事项抽象出共同属性，并以适当的法律语词、法律条文予以表达，这既是一个经验的过程也是一个理性的过程。在立法结果即法律中，被规定的事物的属性是基于常识和科学被"预定"的，即使在规范上该法律属性指称的事物范围可能还并没有被完全认知。

立法事项的属性确定基于常识和科学，而常识和科学有时候也是不确定的（是不是常识、科学，是哪种常识、科学），这个时候就需要立法者共识加以确定，这时的属性确定就有一定的意志成分。法律概念作为法律事物属性的反映，这种反映是一种主观反映，意味着不同的人可能有不同的反映，由于认识的深浅，立场的不同，角度的不同，表达方式差异等，人们对于社会常识与科学特别是特定领域内的常识与科学会有不同理解，解决此问题的办法是优先采用协商对话以达成共识，如果还不能解决，则只能采多数意见，这种多数意见也是一种多数人的共识。通过常识、科学和共识，立法者将立法事项的属性确定下来。在这个过程中，立法者需要对常识、科学和共识作高度理性处理，不仅在表达技术上，还需要使确定的立法事项属性协调地存在于既有的法律体系之中。

确定的法律概念的内涵属性是有层次、分角度的。立法事项属性的层次依赖于立法者认识，对立法事项属性层次的不同规定依赖于立法目的。立法者意欲在某一个层次上规定某一立法事项，就需要在这个层次上基于常识、科学和共识确定属性。立法者这一意欲，是由特定立法目的决定的。立法者意欲在更大范围规定立法事项时，需要采用已达成共识的较上位属性来确定法律概念，想要在更小范围规定立法事项时，就需要采用较下位属性来确定法律概念。属性至少可以从要素和要素之间的关系角度分为两类，法律可以以法律事物要素的特征、功能、形状、颜色、气味等性质规定要素，如对不同法律行为性质的规定，行政执法上以行政执法组织、依据、根据、证据、决定等要素性质来规定要素（实体法）；法律也可以以表现事物要素之间关系的结构、目的、大小、多少等性质规定事物之间的关系，如行政执法上以理由、听证、告知、时限等规定要素之间的关系（程序法）。

基于法律概念内涵属性层次的不同，法律概念的确定性与不确定性是相对的。相对于上位概念，下位概念更加确定，将下位概念作为上位概念，对于它的下位概念，它又变得不那么确定。但是，当立法者规定某一概念时，该概念的内涵属性在规定的那一刻和那一层次上就已经确定，即其所规定的内涵属性，与该内涵属性所表示概念的上位概念和下位概念无关，即这不是一个比较的问题，而是一个规定的问题。例如，A_1、A_2、A_3三个概念，A_2是A_1的下位概念，A_3是A_2的下位概念，当规定A_2法律概念时，内涵属性就是确定的A_2这个法律概念的内涵属性，其与 A_1、A_3 无关。

同时，基于法律概念内涵属性角度不同，法律可以从不同角度对同一事物的不同方面作出规定，它们之间也不存在不确定问题，当立法者规定某一概念时，该概念的内涵属性在规定的角度上就已经确定，即其所规定的内涵属性，与其他不同角度的内涵属性无关，即这也不是一个比较的问题，而是一个规定的问题。例如，B_1、B_2、B_3 三个概念是对同一事物不同角度属性的规定，当规定 B_2 法律概念时，其内涵属性就是确定的 B_2 这个法律概念的内涵属性，与 B_1、B_3 无关。

这两种确定理解是指立法时的情况。在执法和司法时可能存在在同一事物上有不同层次角度的法律概念的规定，如果不同规定之间有冲突，在法律执行和法律适用时就可能存在一定的确定法律概念内涵的困难，将不利于执法、司法。

第四题 执法者和司法者法律解释最主要的是应当以立法者立法意志为依归

执法者和司法者在执行和适用法律时虽然表面上指向法律文本，实质是指向立法者意志，法律文本不过是立法者意志的表示方式。服从立法者意志的原因是立法者意志的权威来自公意。

立法者代表公意是现代国家普遍承认的方式，不论是三权分立的国家还是议行合一的国家，即使如美国这种实行总统制的国家，作为立法者的国会也是公意的最主要代表，美国总统虽然可以参与甚至在一定程度上制约国会的法律制定，但必须执行国会制定的法律，在议行合一的国家更是如此。虽然不能说立法者作为一个团体不会有自己的意志，也不能说立法者作为一个团体一定在每一个立法中都代表公意，但是，按照哈特的承认规则，在立法者没有被更换之前，必须承认以立法者意志代表公意的方式，在法治的框架内，尚未找到比立法者意志代表公意更好的方式，并且法治的历史也证明这种方式在相当长的时间和相当多的国家都是有效的。

现代社会事务具有多样性、复杂性和广泛性，代表公意的立法者力量、能力有限，不可能"一事一议"，除非是特别重要的事项，如决定战争与和平，议定政府年度工作和预决算等。在大多数情况下，为了有效、公正和稳定地处理社会事务，立法者需要通过立法这种抽象的"一揽子"方式来决定整个社会或者某一社会领域、地域内一定时期事务的处理方式，这个时候，法律成为立法者意志的书面表达，法律也成为执法和司法的内容标准。执法机关和司法机关作为专门的公意执行和维护机关实际是以执行适用法律为媒介，通过执行适用立法者所制定的法律来实现公意，公意是执法和司法正当性的根源。因此，执法和司法的法律解释，应当以立法者意志为依归，即是以公意为依归。

执法和司法机关并不是以自己的意志来决定什么样的社会才是正义和秩序的，决定这个问题的责任主要属于立法机关，在绝大多数时候和绝大多数方面执法和司法机关依照体现立法意志的法律照做即可。当他们脱离法律按自己的意志去"执法""司法"并称这才是公意的时候，他们就不再是执法者司法者，而是立法者。

第五题 什么才是立法者意志

立法者以法律表达立法者意志，而法律又必须简洁易懂，这就决定了法律文本是不可能完全充分地体现立法者意志的。要充分表达立法者意志，最优的办法自然是在法律颁行的同时由立法者对其制定的法律进行系统的立法解释（最权威），明确法律概念的属性层次、角度和内容，列举该属性所指称的法律事物。但是，由于立法者对立法工作范围认识和立法事项认识的局限，立法力量、能力的缺乏等原因，从世界范围看，颁行法律的同时进行官方立法解释是极少的，颁行法律之后的立法解释也不多。这就造成了一个问题，在立法解释缺乏而执法和司法又需要法律解释的情况下，以什么方式认定某种解释就是立法者意志，这就涉及一部分法律解释的基本问题，即解释机制和解释方法。

在立法者不能完全承担法律解释任务的时候，会建立一套法律解释机制来满足现实的解释需要。得到宪法和立法机关授权并且在授权范围内的解释，被认为是符合立法者意志的解释，在我国，合法的司法解释和行政解释都被认为是符合立法者意志的解释。

解释方法比较复杂，按照梁慧星老师的研究分类，可分为文义解释，论理解释，比较法解释，社会学解释。其中，论理解释包括：体系解释，法意解释，扩张解释，限缩解释，当然解释，目的解释，合宪性解释。这些方法都应当视为寻找立法者立法时意志（立法原意）的方法。解释方法对解释行为具有规限作用，能够使法律解释沿着理性轨道行进，而不是随意进行解释。

关于立法原意学界有争议。主要表现在有没有立法原意，谁能代表立法原意两个方面。立法原意显然是存在的，法律文本既是立法原意的形式也是立法原意的表示。立法者作为一个团体，尽管由多人构成，团体中的某些人也可能投票反对某一法律，但是，只要被合法通过，这个法律就应当是立法者团体的整体意志，法律制定机制是一回事，法律代表的整体意志是另一回事。已经生效的法律并不会因为立法团体中某个人曾投票反对它通过而对他或者对法律调整对象无效。立法原意是立法者的整体意志，而不是立法团体中某个人的意志，法律文本就是立法者整体意志的形式和表示。因此，一般认为，文义解释是针对特定法律文本最基本、最重要的解释方法，任何解释都不能超出特定法律文本意义可能的范围，包括从立法者针对这一法律文本的事前立法资料中得出的解释和立法者事后解释（法律漏洞填补可以超出，但实质已不属法律解释）。

立法原意改变，则法律改变。法律意指改变，则法律改变。在这两种情况下，即使法律文本没有改变，立法原意和法律意指仍在法律文义范围之内，在实际上法律还是已经被改变了。以法律概念来说，表示它作为法律文本的法律语词即使没有变化，但是由于立法原意和法律意指改变，即法律概念的内涵属性和指称事物改变，此时同一法律语词所指示的法律概念已经改变。执行适用的法律，不是法律文本，而是由法律概念构成的法律规范，是法律规范体现的立法原意和法律意指。

按照法律是立法者意志的表示的观点，立法原意与法律意指是一回事。无论是立法者还是执法者、司法者，或者守法者对法律的解释，还是运用文义解释，论理解释，比较法解释，社会学解释方法对法律进行解释都是寻找被解释法律立法原意的过程，脱离立法原意的"解释"不是解释法律而是创制法律。

立法原意在形式上由法律文本承载，法律文本以法律语词构成。立法原意在内容上凝结为法律概念、法律规范和法律原则，法律规范和法律原则由法律概念构成，其不确定性可以转化为对法律概念的不确定性分析。立法原意之形式——法律语词与立法原意之内容——法律概念是法律解释中一对非常重要的范畴。

第六题　法律概念与法律语词的不确定

马佩老师主编的《逻辑哲学》认为："语词和概念密切联系，语词分为词音和词义，词音是语词的形式，是一种物质实体，是概念的物质载体，词义是语词的内容，也就是该语词所表达的概念。词义和概念实质是一个东西，是同一对象的不同说法，从语言本身的角度讲，叫词义，而在逻辑学、认识论中则叫概念。"由此，词义即概念，法律语词的含义即法律概念。

立法者确定法律概念是以法律语词为形式的，他需要通过法律语词将法律概念表达出来形成法律条文，进而形成法典以供执行适用。在法律概念转化为法律语词的过程中，很多情况下并不是每一个法律概念都能找到词义仅指示该概念的语词，这种情况下只能用包含该概念并且还包含其他概念的语词来指示这个概念（这种语词被称为具有多义性、抽象性和模糊性的语词），这时，在立法、执法和司法以及守法时就存在该语词表示法律概念中哪一个、哪几个或者全部是立法原意的困惑。通常所说的不确定法律概念，不应当是指作为立法原意的概念内涵属性，而应当是指法律语词包含多个概念，且不知道立法者指向其中哪个概念，即所谓的不确定。此时，在没有立法解释的情况下，就需要运用法律解释的方法来确定特定法律语词立法原意所指的概念内涵属性。当然，基于第三题的讨论，法律语词所指的法律概念对立法者仍是确定的。研究同一法律语词在不同语境下所指示的法律概念，确定不同法律概念内涵属性以区别不同法律语词是法律解释学研究的重要内容。

例如，某一实体法典中规定暂扣证照，暂扣证照在法律文本中是一个语词，这个语词表示的是行政处罚概念还是行政强制概念，或者说暂扣证照具有行政处罚还是行政强制属性，仅从暂扣证照这个语词是无法判断的，因为该语词的词义既可以包含行政处罚的含义也可以包含行政强制的含义。可能很多人认为暂扣证照一定是行政处罚，因为《行政处罚法》明确规定了暂扣证照是行政处罚种类之一，而《行政强制法》并未列明暂扣证照种类。从法律语词和法律条文角度上这种理解是对的，但是从法律概念和法律意旨的角度考虑则这种理解就不那么正确。

一方面，行政处罚作为语词与作为概念是不同的，两者需要分开。法条中的行政处罚是一个法律语词，它指示行政处罚概念，即内涵属性为违法有责前提下的制裁性，外延为具有这一特性的行政执法活动。

另一方面，暂扣证照在法条中也是一个法律语词，无论是在实体法典还是行政处罚法中。暂扣证照作为法律语词指示的法律概念的内涵属性，最基本的是对合法证照暂时性控制，这属于它的本质属性，具备这个属性的事物就可以说它是暂扣证照。但是事物不仅仅有本质属性，法律对事物也不仅仅从本质属性的角度加以规定，事物除了本质属性外还有其他属性，这些属性也可以成为法律规定的对象（参见第三题的讨论）。如暂扣证照除了对合法证照暂时性控制这个本质属性外还有其他属性，当依靠本质属性无法区分事物时就需要借助其他属性。在暂扣证照是行政处罚还是行政强制这个判断中，暂扣证照依靠本质属性是无法判断的，这时需要借助暂扣证照的目的属性加以判断，以制裁为目的即为行政处罚，以制止违法为目的即为行政强制措施。

这种判断不仅是在行政诉讼、复议或者其他监督行政执法中对某一行政执法活动进行判断，还适用于对法条的分析判断，以及在行政执法中确定行政执法决定类别。在立法中，同样要预先确定暂扣证照的性质、行政处罚的性质和行政强制的性质，否则就无从判断暂扣证照的性质。

从上面的例子可以看到，对一个法律语词的性质判断依靠法律概念，所依靠的法律概念是一个概念体系。对暂扣证照这个语词的属性判断仅仅依靠行政处罚概念是不够的，还必须联系行政强制概念。在这个概念体系中，正如第三题所述存在着大量上下位概念、不同角度的同位概念以及不同角度的不同位概念。对任一不确定法律语词所指示的概念判断，都要联系上位概念，有时还要比较同位、不同位概念，分析下位概念。这些概念都因为具有法律这一概念内涵属性而被统称为法律概念，它们都是法律概念体系中的一部分。法律概念尽管由法律条文表达，但却不由法律条文解析，对法律概念进行解析的任务是由法学理论来完成的，这也是行政执法工作中必须学习包括法学理论在内的行政执法理论的原因之一。

第七题　法律概念所指称事物的不确定性

前面谈到作为立法原意的法律概念的内涵属性是确定的，造成不确定法律概念的原因有两个，一个是内涵属性所指称的事物不确定，另一个是表达概念的语词不确定，后者已经作了分析，这里要分析的是前者。

在立法时，对法律概念所指称的事物的规定可以有三种情况：只明确法律概念的内涵属性不列明所指称的事物，列明所指称的全部事物，列明所指称的典型事物，其他非典型事物以"其他……"等代之。无论是否列明典型事物，都需以法律概念的内涵属性加以判断。对于某一事物是否具有某一法律概念的内涵属性，需要分析其自身属性，并且分析法律概念的属性，两相比较。当该事物具有某一法律概念内涵属性时，该事物即为该法律概念指称的事物。

事物的性质有强弱之分，某一事物具有某一概念内涵属性强，该事物即为该概念所指称的典型事物，反之为非典型事物。在法律解释学上，典型事物即为语义所指示的事物的核心部分，而非典型事物即为模糊部分，这部分往往被认为是不确定的。博登海默在其所著的《法理学：法律哲学与法律方法》中指出，"一个概念的中心含义也许是清楚的和明确的，但当离开该中心时它就趋于变得模糊不清了，而这正是一个概念的性质所在。沃泽夫（Wurzel）用一种略微不同的隐喻将概念比喻成'一张轮廓模糊且愈到边上愈加模糊的照片'。焦点集中区的相对范围，以及画面模糊不清的区域，在很大程度上讲都是随着不同的概念而发生不同变化的……当人们形构和界定法律概念之时，他们通常考虑的是那些能够说明某个特定概念的最为典型的情形，而不会严肃考虑那些难以确定的两可性情形"。这里画面模糊不清的区域，应是法律概念内涵属性所指称的事物，而非法律概念的内涵属性。

但是，对于事物性质的判断，应当是有或者无的判断，而不是强或者弱的判断，无论强或者弱，都可以作"有"的判断，在这个意义上，尽管在认识和规范上有时不能穷尽所有法律概念所指称的事物，但在执法和司法时，针对特定事物根据确定的法律概念内涵属性仍可判断出该事物是否具有该概念的内涵属性，也就是在法律执行和法律适用时，法律概念所指称的事物是可以确定的。

同一事物可能同时具备两个或以上不同概念内涵属性，在具有不兼容的法效果时需要以法律概念加以明确。例如，中国法院网载福建省水电勘测设计研究院不服省地矿厅行政处罚案，该案争议焦点之一是：温度为72℃的地下热水是地热还是地下水。涉及三个概念，即地热、地下水、72℃的地下热水。仅从事物本身角度看，72℃的地下热水既有水资源的属性，也有矿产资源的属性，同一事物兼具两个不同属性，对这一事物的定性涉及行政执法组织要素中的不同管辖权问题，会形成不同的法效果。此时，需要引入地热、地下水法律概念对72℃的地下热水这一事物予以定性。根据相关法律规范，小于90℃，大于或等于25℃的地下热水为地热资源。

从这个例子可以看到，从立法者角度，已经非常明确地规定温度为72℃的地下热水的地热属性，对于立法者来说温度为72℃的地下热水这个概念的内涵属性是确定的。需要思考的是，如果立法者并未在立法上明确划分地热和地下水的温度属性区分，那这个案件该如何处理。如果不能从其他立法中找到界分的法律概念，只能说立法者认为72℃的地下热水既有水资源的属性，也有矿产资源的属性，两种属性显然都是确定的，不能说一个事物上有两种属性就不是确定的。这种情况下，无论是地热主管部门或者地下水主管部门的管理都是合法的，这个时候并不能用事物属性区分是否合法，而要使用其他法律规范和法律原则，比如先发现先处理、一事不再罚等。

综上所述，不确定法律概念对立法者而言，法律概念的内涵属性始终是确定的，内涵属性所指称的法律事物则可能是不确定的，法律语词尽管可能指示不同的法律概念，但是对于立法者来说，特定法律语词所指示的法律概念是确定的，这里的法律概念是指其内涵属性。对于执法者和适法者而言，由于其所接触的是法律语词，在没有相关立法解释的情况下，法律语词所指示的法律概念的内涵属性可能不确定，内涵属性所指称的法律事物也可能不确定,要通过法律解释方法寻找立法原意关于该法律语词所指示的特定法律概念内涵属性,并以此确定法律事物。

第八题 关于法律规范和法律原则的确定性问题

法律概念对应法律语词,法律规范(规则)和法律原则对应一个或者多个由法律语词组成的法律条文。一般来讲,在法典中,凡是具有构成要件(行为模式)加法律后果的表述都可作为法律规范理解(这种表述可以跨法典存在),凡是具有规则意义但仅有行为模式而无明确法律后果的表述都可视为法律原则。凡是可以直接作用于案件事实的规则都是法律规范,凡是不可以直接作用于案件事实,必须借助法律规范作用于案件事实的规则都是法律原则。

法律规范是法律最主要的要素。法律规范是对法律事项的规定,其中包括指向社会事实的构成要件和指向法律评价的法律后果两部分。两个部分主要由不同的法律概念构成,基于法律概念的确定性,法律规范也是确定的。这是法律规范确定的一层含义。另一层含义是,既成法律规范存在哪些构成要件,是什么样的,构成要件在一定时期和一定范围内也是确定的。张文显老师在其主编的《法理学》中指出,"法律规则都具有确定性,没有确定性则难以被重复适用,没有确定性就难以保障法的稳定与安全……尽管法律规则的确定性是相对的,立法者却不得以此为由追求法律的不确定、追求'粗',立法者应当追求法律规则之最大限度的确定性,这是立法者的道德义务"。

法律原则在法律解释学上多为一般条款。梁慧星老师指出，"与开放的不确定概念类似的，是一般条款，如诚实信用原则、公序良俗与善良风俗、权利滥用之禁止、情事变更原则等。一般条款与上述类型式概念一样，外延都是开放的。但类型式概念，至少还有可能的文义，而一般条款竟连可能的文义也没有"。这里面有一个问题，如果一部法律的意思连立法者都搞不清，立法者都不知道他在规定什么，那这部法律该如何被执行，写在那里有什么用呢？写在那里一定是有用的，对立法者来说，法律（文义，概念属性）应当是确定的，包括法律原则。法律原则也是由法律概念构成的，法律概念确定，则法律原则确定。

法律解释理论多从法律文本的含义不确定性切入，继而进入对法律概念、一般条款和法律漏洞的分析，而本节则是先进入法律概念，从法律概念的确定性入手分析法律解释，这与文本—概念的路径是不同的，采用的是概念—文本的分析路径。关于法律语词和法律概念、一般条款前文已经作了有侧重的简要介绍和分析，不再详述。下面简要讨论行政执法与法律漏洞之间的问题，主要是能否以行政执法填补行政法漏洞的问题。

法律漏洞一般属于法律解释学的研究范围，但是法律漏洞对于行政执法解释而言一般不宜涉及。行政法漏洞和以行政执法填补行政法漏洞是两个不同的概念，行政法也存在漏洞，而且因行政法数量巨大，可能存在的漏洞比民法和刑法多得多，但是行政法漏洞应当及时以制定法律特别是制定行政法规、规章（行政的效率性可以以立法及时填补法律漏洞，这与权力机关立法是不同的），或行政文件（有授权）的抽象方式填补，以及以法院行政司法的具体方式填补，而不宜以行政执法这种具体的方式在行政执法过程中由行政执法组织及其行政执法人员以行政执法解释填补。

从行政权控制角度看，因为行政执法作为纯粹执行法律的活动，无论从哪个角度都不能创制法律（行政执法不是行政立法），这是依法行政原则的要求，人们宁愿行政机关不采用行政执法方式解决问题（仍有其他方法解决），也不愿意将自己置于可能被滥用权力的危险境地，而法律漏洞的填补属于创制法律的范畴，这时候的行政权力已经难以被控制。况且是否存在法律漏洞，以行政执法过程来判断是没有权威性的，以行政执法行法律未规定之事不仅危险，而且容易受到激烈反对。

从法律漏洞存在的领域看，法律漏洞及其填补主要存在的领域是法院司法，而不是行政执法。法律漏洞的存在通常以案件事实存在为前提，在对案件进行实际处理选择法律、适用法律时缺少可适用的法律，并且这种法律缺少违反立法计划性且存在不圆满性，此时才可确定为法律漏洞并予以填补，这个过程是法院司法的过程而不是行政执法的过程。法院司法是审查判断活动，它的事实对象基本都是现成的、由他人提供的，在认定事实的基础上寻找适用法律并为该事实赋予一个法律效果是法院司法的主要工作，在找法的过程中可能会发现法律漏洞。之所以出现这种情况，可能的原因是法院司法受理立案依据的是诉讼法（程序法），而实际处理案件时主要依据的是民法、行政法（狭义，广义行政法含行政诉讼法）、刑法（现代刑法理论一般认为不得以刑事审判填补刑法漏洞）等实体法，可能存在受理立案的案件在适用民法、行政法、刑法时找不到依据无法裁判的情况（法律适用"三段论"的大前提缺失），而法院司法又是纠纷处理最后、最终的方式，必须形成一个裁判，只能采用法律漏洞填补的方式为裁判提供依据，进而解决纠纷（主要指民事诉讼，以法院审判填补法律漏洞也主要是指民事审判）。诉讼法与民法、行政法、刑法毕竟有很大区别，存在不协调是完全有可能的。

与法院司法不同，行政执法是从规范到事实的活动，是从既有法律规范到个案处理，有法律规范规定的职责职权和执法事项，才能依此进行实际的执法活动，在进行实际的执法活动之前，行政执法法律依据是确定的、一定的、完整的，行政执法法律依据无论是程序法还是实体法，对于特定案件的处理规定是一体的、连续的、协调的。这与法院司法特别是法院对民事案件的处理有着显著的不同。行政执法不得在没有明确法定事实根据的情况下启动，也不得在没有明确法律依据的情况下形成行政执法决定。行政执法立案受理之后一定有一个制定法上的效果，而法院受理立案之后如果以法律漏洞填补的方式裁判，并不一定有制定法上的效果，而可能是或接近于法官（造）法上的效果。

同时，基于传统和最终守护法律（正义）力量的职责，人们允许法院在一定程度上以法律漏洞填补等方式创制法律，即便如此，这种权力也应当慎用，特别是对行政法和刑法（一般认为刑法解释不得使用法律漏洞填补方式），法院司法作为平时的最终权力一样可能是专横的。在实际中，据经验了解，一线法官也很少使用漏洞补充的方法解释法律，他们面临着如行政执法一样大量案件处理任务和依法司法的责任，很难有更多时间和动力去追求以法律漏洞填补来实现实质正义。

在上面，再次从行为过程的角度区分了行政执法和法院司法的区别，也可以说是法律执行与法律适用的区别。上述可以看作是依法执法原则对行政执法的要求，与此同时，行政执法绩效原则和简明原则也要求行政执法不能像法院司法那样先有案件事实再去找适用法条，而必须从规范出发去寻找符合规范的事实。再者，不是从行政法规范出发，哪来的行政执法案件事实呢？从事实到规范这种模式不是行政执法模式，不符合行政执法的性质和原则。

第九题　关于法律概念的统一

一般而言，对于某一部特定法典，其中的法律概念的内涵属性对于立法者是确定的，也是基本统一的，因此其中的法律规范和法律原则也是确定的。这是立法者精力集中和能力所及的结果。但是，执行和适用的法律不是某一个法条或者某一个法典，而是整个法体系和法秩序，这就涉及不同的法典。由于立法者团体成员的不稳定，法律水平不同以及作为人的有限理性，其所立之不同法典（更不要说不同立法主体在不同时期所立的庞大法律制度体系了）特别是相关性不是很强的法典之间同一法律语词所表达的不同法律概念，以及不同法律语词所表达的相同概念却不容易统一确定，进而导致法律规范和法律原则的不确定。

不仅立法者难以做到概念统一，专门家也很难做到，博登海默在其所著《法理学：法律哲学与法律方法》中说，"美国法学家韦斯利·N. 霍尔菲尔德（Wesley N. Hohfeld）在对法律科学的一些基本概念进行系统的和逻辑的分类与安排方面作出了重要努力。他的目标就是要分析那些被他称为'法律最小公分母'（the lowest common denominators of the law）的东西，其中包括法律关系、权利、义务、权力、特权、责任和豁免等概念，并且对上述概念间的逻辑关系进行解释。霍尔菲尔德对基本概念的含义所做的界定，有一些被纳入了《美国财产法重述》（American Restatement of Property）之中。然而，霍尔菲尔德希望他的概念解释工作能够产生一套适用于极为不同的法律各个部门法的统一术语的愿望，却未能得到实现。美国法院未能采用他提出的分类法，而是继续在不统一和不一致的意义上使用权利、义务、特权及豁免等概念。霍尔菲尔德统一概念的计划，因此必须被描述为一种迄今仍属于试图进行术语改革但尚未实现的规划之列"。法律概念越是不统一，就会越凸显理论对不同部门法律概念解释的重要性，而统一法律概念也必须在理论的基础上实现。

概念不统一在实践中可以纳入规范冲突，需要通过法律适用规则加以解决，同时也需要依靠法律解释理论予以解决。应当注意的是，法律解释理论的目的始终是寻找立法原意（除非因此得出的结论显然不合理），只有这样它才能得到权威，同时，法律解释理论也不仅是为了应对法律的不确定性，正如前文所说，也是出于对法律理解和说明的需要。

总的说，法律解释的存在，既与立法时对法律所规定的经验常识没有充分理性化有关，也与充分理性化的法律难以以一种经验常识表达有关，当人们以纯粹经验常识理解法律时，难以理解其中的理性部分，以纯粹理性知识理解法律时又会发现法律处处存在"错误"，正如大法学家庞德所言，法律是理性发展的经验，经验检验的理性，对于法律文本，理性与经验是难以调和的，如果说可以调和，除了提高立法质量，法律解释可能就是最重要的方法了。

当对法律文本进行经验认识和理性分析，企图回溯其中的理性部分，确定其中的法律概念时，所依靠的只能是包括法律解释理论在内的法理论。对法律文本中的法律概念予以确定性认识进而正确认识整个法体系是立法、执法、司法、守法最基础的部分之一，没有一定的法理论知识水平很难做到这点。学习掌握包括法律解释理论在内的法理论知识对于行政执法者是非常必要的。

第十题　我国的行政解释研究

依现在的研究情况，行政解释与立法解释和司法解释一样，都被归于法律解释。相对而言，我国行政解释的研究水平远低于对司法解释的研究，对行政法解释的研究水平也远低于对民法和刑法解释的研究。一方面与行政法的广杂易变有关，另一方面与研究力量不足有很大关系。

依据《全国人民代表大会常务委员会关于加强法律解释工作的决议》（1981年6月10日第五届全国人民代表大会常务委

员会第十九次会议通过)"三、不属于审判和检察工作中的其他法律、法令如何具体应用的问题,由国务院及主管部门进行解释。四、凡属于地方性法规条文本身需要进一步明确界限或作补充规定的,由制定法规的省、自治区、直辖市人民代表大会常务委员会进行解释或作出规定。凡属于地方性法规如何具体应用的问题,由省、自治区、直辖市人民政府主管部门进行解释"的规定,以及国务院关于行政法规和行政规章解释的有关规定,学界和实务界一般将行政解释理解为一种权力,理解为有解释权的行政机关对行政性法律、法规、规章的解释,属有权解释。在行政解释属抽象行为还是具体行为的理解上,以抽象行政行为理解为主,即便上级行政执法组织针对下级个案请示作答复(解释),也多指向对特定法律条文的解释,而不涉及案件事实,且这种解释对以后同类执法事项的处理具有实质的行政约束力。而以行政法规、行政规章和行政文件解释上位法就更不在话下了(各种实施条例、办法、细则等)。

对于行政解释的研究,现实具有代表性的行政法教科书和行政法学专著中少见单独成立章节,偶有提及也是作为抽象行政行为之一部分加以研究,这可能跟行政法学当前还未将研究重点转移到行政法适用有关。法律解释通常与法律适用相联系,法律解释是法律适用的前提,而法律适用是法律解释的目的。就近些年的研究特点而言,有些专著和文章对行政解释的研究显现出从抽象解释向具体解释,从立法解释向适用解释发展的特征,但主要是以法律文本作为解释对象,而不是以行政行为或者说行政决定为解释对象,以行政法适用作为主要面向的行政解释研究还难以称为趋势，尽管这在当前法治政府建设和行政执法形势下是非常必要的。

第二节 行政执法解释

正如行政执法学对行政执法的研究从行政法实施（适用）转向行政执法本位一样，行政执法解释研究也需要从对行政法的解释（法律解释）转向以行政执法活动为对象本位的解释，将行政执法解释从单纯的归于法律解释的行政解释中相对独立出来，否则就难以全面地看待分析行政执法解释，难以为实践提供有效的新知识，难以解决实践中出现的新问题。目前以行政执法活动为本位的解释研究资料非常缺乏。为了聚焦问题，本节和本书主要研究行政执法组织对自己行政执法活动的解释（最基本的行政执法解释），基本不涉及其他主体对行政执法活动的解释。

第一题 行政执法解释是行政执法的性质而不是权力

通过上一节的分析可知，法律解释至少与对法律的理解和说明以及法律的不确定性问题有关，依此，行政执法解释至少包括三个方面，即对行政执法的理解、对行政执法的说明以及行政执法中的不确定性问题。

从应然角度，行政执法人员开展行政执法活动首先遇到的问题便是理解行政执法（而不仅仅是理解行政法律），行政执法究竟是一种行为还是一类活动；行政执法作为一类活动系统，它的要素有哪些？这些要素之间的关系如何；要素以及要素之间的关系表现形式是什么；行政执法五要素一关系的实质含义是什么；哪种要素能够最集中表现行政执法？行政执法决定在什么情况下被认为成立，什么情况下被认为有效；什么是行政执法技术、案件、环境、改革；等等。这些问题在上一本书中都作了讨论，不再赘述。

从实然角度，每个行政执法人员对行政执法都有自己的理解，不论这种理解是对是错，都是其开展行政执法活动的前提。不存在没有理解的有意识活动，正如海德格尔所言，理解是人的存在方式。如果不能理解行政执法，就不能去行政执法，如果不能正确理解行政执法，就不能做好行政执法工作。实际的行政执法活动就是执法者所理解的行政执法的表现形式。从这个角度说，理解行政执法是行政执法活动的性质。

在理解的基础上对行政执法进行说明是行政执法组织及其行政执法人员的义务。行政执法说明可以分为个案说明和一般说明两类。个案说明又可以分为对行政执法相对人，对行政执法领导者、指导者和监督者，对社会公众的说明。对行政执法相对人的说明贯穿行政执法过程始终，包括对行政执法各个要素、程序、行为的说明，其中说明理由、告知、听证、对相对人陈述申辩的答复，对相对人异议和不懂的方面的解释都是行政执法个案说明的典型表现形式。

对行政执法领导者、指导者的个案说明，针对个案检查比如案卷评查，行政执法组织及其执法人员也有应询问说明的义务。在对行政执法监督者说明方面，以行政诉讼和行政复议的答辩状和书面答复最具说明的典型意义。对社会公众的个案说明主要表现在对重特大等社会关注度较高的案件依法公开说明以及特定个案的说明，如准予行政许可书面决定的公开也是一种行政执法结果的说明方式。个案解释说明是行政执法解释的研究重点。

一般说明是指对不涉及个案但与行政执法有关事项的说明，凡是非个案的行政执法事项公开都是行政执法说明，比如对行政执法主体及其执法人员、职权、依据、程序、流程的公开公示，此外还包括行政执法组织对有关机关和社会的行政执法统计总结报告等。

行政执法是典型的确定性活动。法律只有在包括行政执法在内的法律实施中才能真正确定，所有不涉及个案的法律不确定性问题的探讨都无法给出一个真正确定性的答案，因为无论是对法律概念内涵属性指称事物的探讨，还是对法律语词所指示的法律概念的探讨都仍然在观念层面，法律中的不确定性问题只有在个案中才能真正被确定，行政执法作为一种个案处理，对每一个法律上的不确定性问题都能给予确定。

行政执法不仅使不确定法律概念得以实际确定，还使所有它涉及的法律概念都得以在实际中确定。基于行政执法四个本质属性之一的具体性，所有实际执法活动的要素和程序都是确定的（实际发生的），所有执法行为所针对的相对人和相对物都是确定的（实际处理的），反过来说，这种执法实际中确定的法律事物都是执法组织和执法人员对相应法律概念内涵属性所指称法律事物的确定认识，即认为执法实际中的法律事物就是规范上对应的法律概念内涵属性所指称的事物，也因此，法律语词所指示的法律概念在实际执法中也得到了确定。当然，这种执法组织及其执法人员以实际执法表示的对法律概念的认识未必符合立法原意，但这并不妨碍行政执法使法律概念确定的性质。

行政执法作为确定性活动，与上节所述立法确定法律概念内涵属性依靠归纳的机制不同。立法工程使用归纳的主要目的是明确反映法律事物的法律概念的内涵属性，并以内涵属性来规定法律事物。上一本书中曾经探讨，从法律权利义务范畴来说，法律以行为规定事物，就是以行为的性质规定。说违法或者合法的行为，都是指该行为的法律性质。在法律上，一般不直接规定某一特定事物（即使规定某一事物通常也是一种性质或者类的概念，如规定"生猪"是指具有生猪这一概念属性的猪，而不是指哪头特定的猪），而是以该事物的性质作出规定，通过法律性质来指示法律事物（所以立法是抽象活动，性质即为对事物的抽象）。而在执法事业中，使用的逻辑与归纳正好相反，其依靠演绎将法律概念内涵属性推及现实中具有这一属性的社会事物，通过行政执法将法律概念所指称的事物在现实中确定化（所以行政执法是具体活动，从性质到特定事物，行政执法中的"生猪"由具体时间、地点和归属等限定，即要确定是哪头或者哪些头猪。抽象行政行为与具体行政行为的根本区别之一即在于：前者指示事物的性质，后者指示具有法律性质的事物）。立法规定的是事物的性质，执法处理的是性质指称的事物。

通过上述分析可以得出结论，只要存在行政执法就存在行政执法解释，任何行政执法都存在理解问题、说明问题和将法律概念予以确定问题,没有行政执法解释(理解、说明、确定化)就没有行政执法活动,行政执法解释是行政执法的属性之一。

行政执法解释不应是一种权力,而是行政执法的属性。当将行政执法解释作为一种权力,必然存在哪个执法组织有权,哪个执法组织无权,什么时候有权,什么时候无权的问题,而实际上,任一行政执法组织只要进行行政执法活动,其全过程都必然存在行政执法解释。行政执法解释不仅不是一种权力,反而是一种义务,是一种正确理解执法、依法说明执法的道德义务和法律义务。这一点与包括行政解释在内的法律解释截然不同,法律解释往往被作为一种权力看待。

第二题　行政执法解释不完全是法律解释

上述关于行政执法解释是行政执法的性质的讨论,是比照法律解释的理解、说明和确定目的的意义得出的推论,指向的是行政执法活动过程本身,即行政执法具有理解、说明和确定概念、事物的性质。行政执法过程中的理解和说明是一种解释活动,但不是一种法律解释活动,这是因为法律解释的对象必须针对法律文本,而行政执法解释的对象是行政执法活动,两者有显著的不同。通过比较作进一步区分。

第一,在解释对象上,行政执法的解释对象是以行政执法行为为形式的行政执法活动,通过解释明晰其中行政执法各要素的关系,法律解释的对象是以法律语词、法律条文、法典、法律制度为形式的法律文本,通过解释明晰其中的法律概念、法律规范、法律原则。

从行政执法要素关系来源即规范上的行政执法（法律文本）角度说，执法组织及其人员在执法活动中无时无刻不在解释法律，属于法律解释活动，但是从实际中的行政执法（执法活动）角度说，除了对法律依据要素（法律文本，指向执法组织相对人、相对物）的解释外，对组织权限、事实根据、确凿证据、明确决定的解释，以及要素之间关系的解释就不属于法律解释，因为这些要素和关系是否存在是"事实判断"问题，是对行政执法活动的解释，而不是对法律文本的理解说明。在作出"有"这个事实判断以后还要作出"是"的判断，即该"有"是相关法律文本所规定的执法要素和关系的判断，属法律与事实之间符合性的判断，是一种"关系判断"。这个判断过程也不单纯是法律文本解释问题，而是行政执法解释。

第二，在解释主体上，按照现行主流观点和制度规定，法律解释主体限制在较高层级的、有解释权的组织，而行政执法解释在主体上不仅执法组织是解释主体，执法人员同样是解释主体（见下一章），任一层级的执法组织、执法人员只要进行执法活动都要进行解释，执法解释是执法活动的性质而不是权力。在解释组织类别上，法律解释组织既可以是立法机关，也可以是得到授权的司法机关和行政机关，即便针对行政法的解释也是如此，而行政执法解释组织只能是行政执法组织。

第三，在解释场景上，行政执法解释主要发生在执法办案过程当中，即主要存在于特定案件的行政执法程序之中，主要是一种事中解释。执法办案之前的执法公开解释以及执法办案之后的执法公开解释和监督程序中的解释也是以办案为中心的，办案是前一解释的目的，后一解释的内容。而法律解释相对于执法办案来说主要是一种事前解释，在广义上属于立法程序中的事项。法律解释的直接目的并不是执法办案，而是弄清法律文本的含义，尽管这是执法办案的前提。即便是在办案过程中有法律解释权的执法组织自行解释相关法律文本或者上级有法律解释权的行政机关应请求解释，也是仅针对涉及的法律文本（法律解释学上的适用性解释）而不是案件，广义上仍属于立法事项而不是执法事项。

第四，在解释效力上，行政执法解释仅针对所解释的案件有效，即对特定案件要素和关系的解释仅对该案件有效，对于其他案件，该案件的解释可以作为参考，但不能作为解释依据，这一点与法律解释中的适用性解释相似，但与法律解释中的立法性解释不同，其效力及于其所涉及的所有案件，可以作为这些案件的法律（解释）依据。

由此，行政执法解释与法律解释有较大不同，在实际的行政执法解释活动中，除部分解释对象与法律解释相同外，在解释主体、场景和效力上两者均不相同，现实中对行政执法活动的解释不完全是法律解释。

第三题　行政执法解释解释的是行政执法全要素和各关系，不仅仅解释行政执法法律依据

姜明安老师指出，"任何行政机关，只要实施行政执法行为，就必须进行一定的法律解释"。张文显老师主编的《法理学》也明确地说，"任何法律在实际运用中都面临解释的问题"。

法律对行政执法至少有两种意义，一种是法律是行政执法组织活动的内容标准，这是广义上的行政执法依据（规范上的行政执法）。另一种是法律是行政执法组织处理相对人行为和事实的内容标准，是狭义的行政执法依据（实际行政执法活动中的法律依据要素）。由于法律是行政执法的内容，其作为规范，规定着行政执法各个要素以及要素之间的关系（程序），这种意义上的法律直接针对行政执法组织行政执法行为全过程。从这种法律规定行政执法意义上，行政执法作为法律实施活动，任何实践中的行政执法活动都必然涉及法律解释。

法律对行政执法的另一种意义（即上述第二种狭义意义）是对行政执法行为针对的相对人、相对物而言的。行政执法组织对任何行政执法相对人或相对物形成一个行政执法决定都必须具有法律依据，从这个意义上说，行政执法法律依据是与第一种意义所规定的其他执法要素并列的要素，即与行政执法组织、根据、证据、决定并列的要素。这种意义上，行政执法法律解释仅针对行政执法依据。在行政执法解释上是对行政执法全要素及要素之间的关系的解释，而非仅对行政执法法律依据的解释。同时，行政执法解释主要是对实际行政执法活动的解释，而不仅仅是对法律文本的解释，对法律文本的解释作为执法依据是行政执法解释的一部分。

对行政执法组织要素的解释内容主要围绕组织与权限和组织与条件两对范畴。这种解释所要回答的核心问题是，执法人员是否具有特定执法活动的执法资格，执法人员所在的执法组织是否具有特定执法活动的执法职责职权，执法人员和执法组织是否具有特定执法活动的能力条件。

对行政执法依据的解释内容主要围绕形式上的依据等级层次和实质上的依据规定事项。这种解释所要回答的核心问题是，所执行适用的依据构成体系，各层次依据的关系，依据冲突的解决。依据规定的法律事项构成要件的种类，对应的规范法律后果。

对行政执法根据的解释内容主要围绕事实根据的定性和定量。这种解释所要回答的核心问题是，所认定的事实根据种类性质是否存在，是否就是依据所规定的构成要件的种类性质，所认定的事物是否就是依据构成要件中法律概念所指称的法律事物。

对行政执法证据的解释内容主要围绕证据的真实性、合法性和关联性。这种解释所要回答的核心问题是，证据材料以及其所载明的证据事实是否真实存在，证据的来源、取得和形式是否合法，证据事实是否系案件事实（依据构成要件所指称的事实，行政执法组织所认定的事实根据）的一部分或者反映案件事实。

对行政执法理由等程序的解释内容主要围绕行政执法演绎逻辑以及法定程序的符合性和非法定程序的适当性。这种解释所要回答的核心问题是，行政执法依据、根据、证据之间是否能够形成演绎逻辑关系，行政执法行为是否符合法定程序，在没有法定程序的情况下是否符合行政法原则。

对行政执法决定的解释内容主要围绕行政执法决定构成和决定效果。这种解释所要回答的核心问题是，决定在形式上是否符合法定要求，在实质上实体方面是否具备决定构成实体要件要素，是否符合其所指向的法规范法律后果的规定，在程序上是否符合决定构成程序要件。对决定的解释完整内容含上述五种解释。

行政执法解释既是一种对实际存在的活动的解释，也是一种对规范（多以文本表示）的解释。前者是指将行政执法作为一种动态行为过程，对这个过程中的各种行政执法要素、程序和行为进行解释。后者是指对行政执法最集中的表现形式，即行政执法决定成立以后的解释，往往表现在监督执法中。在对行政执法相对人解释中，有的解释是没有法律意义的，即这种解释并非法定却是必要的。这种解释未必在行政执法决定或行政执法案卷中载明。

此外，行政执法解释还包括行政执法组织内部的解释，即办案人员、审批人员、法治人员之间，受委托组织与委托组织之间等的相互解释，比如在案件内审，案件听证，案件会议讨论中，这种解释都是具有法律意义的解释，不宜掺杂法外解释。

第四题　行政执法解释既是对行政执法决定形成过程的建构也是重述

在上一本书中，讨论了行政执法决定的实质含义，它是行政执法组织具有法律效果的确定主张，是行政执法最集中的表现形式。任一行政执法活动都由若干行政执法决定组成，也都围绕一个个行政执法决定开展。实质意义上的行政执法决定不是单指可以诉讼复议的行政决定（具体行政行为），也不专指书面形式的决定，而是指在行政执法过程中每一个具有法律效果的行政执法组织的主张。这种主张的法律效果，从行政执法组织来讲，就是其行政执法职责职权的履行，从行政执法相对人、相对物来讲，就是会影响相对人行政法、民法（行政裁决、行政合同等）甚至是刑法（比如涉嫌犯罪的行政案件移送）上的权益，或改变法定的事实状态。从行政执法决定本身来讲，就是具有公定力、确定力、拘束力、执行力的主张。可以说，整个行政执法活动，都是围绕行政执法决定开展的。

行政执法解释作为行政执法的性质，也是行政执法决定的性质，以行政执法决定成立为分割点，之前的解释是为建构决定，之后的解释是对决定的重述。建构决定就意味着围绕决定构成即实体要素和程序要件开展行政执法解释活动，这种解释结果载于行政执法决定之内。重述决定就意味着对已经成立的决定构成即实体要素和程序要件进行复述，这种决定复述不得含有任何建构的成分。因为决定重述是对决定以及决定形成过程各方面必要考虑的再说明，这种考虑在决定成立之前就应当完成，这些必要考虑是作出特定决定不可缺少的前提。

建构解释从理解（含对不确定法律概念的理解）的意义上对行政执法决定的形成有决定性作用，它突出地表现在执法组织对其所执行的每一法律规范的要素和程序的全面准确理解，缺少任一要素或关键程序，该决定在法律上无效。对不确定性法律概念不准确理解会导致行政执法存在性质上的错误（内涵属性）和事实上的错误（外延事物）。建构解释从说明的意义上对行政执法决定的形成有重要作用，在法律有规定的情况下，执法组织未尽说明义务的，可能导致其决定在法律上无效。

第五题　从整体的角度全面研究行政执法解释

行政执法解释研究除了需要从法律解释角度到以行政执法解释为本位的转变外，还需要立足于行政执法和行政执法解释的一般性、普遍性问题。对行政执法解释研究尽量不要取样偏颇，否则就如同法律解释研究多取样诉讼疑难案件会夸大法律的不确定性一样，会造成一种行政执法解释困难的印象。

实际上，与大量存在的行政执法案件相比，进入复议诉讼的案件是极少的，这类案件对社会的影响与大量没有进入复议诉讼的行政执法案件相比是非常微小的。行政执法学上的案件与行政法学或行政诉讼法学上的案件有一部分一致（典型决定部分，如行政处罚、许可、强制等），也有一部分不一致，如证据先行登记保存在行政法学和行政诉讼法学上不是一个独立的案件，而在行政执法学上可以是一个独立案件，这主要是由行政法学和行政诉讼法学与行政执法学对行政执法决定的含义理解不同造成的。

行政执法案件能否成为一个行政诉讼案件取决于制度上的受案范围，而受案范围又取决于法治水平、司法力量、诉讼成本等多种因素，法学理论上对受案范围的研究多是对制度规定的解释，以制度上的受案范围来说明或者论证理论上是否为独立案件的问题有必要但不完全。这实际上是行政法研究中的司法思维（围绕司法研究行政法问题是行政法历史传统之一）。

行政执法和行政执法解释研究需要的是以行政执法为本位，以行政执法职责职权履行为核心来判断是否为执法决定，是否为独立案件。行政执法学意义上的决定和案件要比行政法和行政诉讼法意义上的具体行政行为和案件范围大得多，多得多。这些案件绝大部分都没有变为复议诉讼案件，但对社会的影响却是深入广泛的。对进入复议诉讼的案件进行行政执法和行政执法解释研究是必要的，对包括进入复议诉讼的案件在内的行政执法活动的共性、一般性、普遍性问题进行研究，特别是难于监督的未进入复议诉讼的行政执法活动的研究则是主要的，这样才可能更有效地从整体上提高行政执法质量效率，提高行政执法制度水平、技术水平和实务水平。

第二章 行政执法解释主体和解释对象

本章主要谈论的问题是：谁是行政执法解释的当然主体，什么是行政执法解释对象。行政执法作用对象可以有两类，一个是作用于行政执法相对人，一个是作用于物，物不能言，自然由行政执法组织解释其行政执法，而在行政执法组织和行政执法相对人间，哪个是行政执法解释主体，对行政执法哪个要素和哪种要素之间的关系进行解释则是行政执法解释对象问题。

第一节 谁决定，谁解释

谁决定、谁解释，规定了解释主体和解释对象，即作出行政执法决定的组织解释其行政执法决定。

第一题 常理的角度

决定者解释其决定符合通常的观念（常理），这种观念是对事物本性长期观察了解所积累起来的。关于事物本性的概念，亚里士多德和孟德斯鸠都提过，拉德布鲁赫做了专门研究，提出事物的本性乃是"内在于生活关系中的秩序"。行政执法作为一种事物，其本性存在于行政执法过程之中。考察行政执法过程中的要素和关系,就会发现,行政执法决定要素与其他要素关系相比,最能代表行政执法组织的意思,与行政执法相对人相比,决定者更清楚其中的含义,而且行政执法过程是由行政执法组织掌控的。由更了解事物的人解释该事物,由掌控该事物的人解释该事物的本性,可以推导出,在执法(决定)者和相对人之间,执法者应当对其决定负有主要的解释责任。

第二题 控权的角度

决定者解释其决定符合行政法控权理念。行政执法若干要素和程序都是行政执法职责职权的履行条件和表现形式,但只有行政执法决定要素具有法律上的公定力、确定力、拘束力和执行力,它是行政执法组织的意志形式,这里使用意志而不是意思,突出的是行政执法决定一旦成立就在法律上推定具有上列法律效力,尽管这是必要的,但显然也是危险的,这相当于在作出执法决定之时直接在法律上剥夺相对人的权利或对相对人科以义务。作为公权力的行政执法决定在赋予其法律效力的情况下,按照行政法"控权"理念,法律必须要求执法者与相对人中的执法者负有解释责任,这样才能够校正行政领域执法组织与相对人在实际地位上的不对等,才能够规控行政权。

第三题 依法执法的角度

决定者解释其决定还是依法执法原则的要求。行政执法以实现法律为内容目的,在行政执法若干要素关系中,行政执法决定指向法规范逻辑结构中的法律后果,法律后果最能体现法律内容目的，因而执法决定与其他各要素关系相比，最能体现行政执法实现法律功能。同时，行政执法组织是执行法律的人，在行政执法过程中执法组织负有主要的实现法律的责任，而相对人并非执行法律的人。这就决定了应由执法者解释其决定。

第四题　法律权利义务角度

一般来说，主张权利者通常需要解释其主张，因为主张权利意味着他要获得利益，这种利益可能是实在的或者可能的好处，也可能是一种责任、义务和负担的免除。行政执法决定作为行政执法组织的主张既表示职权的履行也表示职责的履行，这里的职责主要指示的是，履行职权是一种法律义务。

行政执法决定主要是行政执法组织履行其职权（权利）的主张，由此带来的好处是职责免除（政府责任本位，责任政府）。所以，从行政执法职权的法律权利意义上说，行政执法决定作为职权履行的主张，应由决定者解释。当然，在行政执法过程中，相对人也可主张其法律权利，也需对其主张解释，但这种主张和解释的有效性依赖行政执法决定。

在制定法层面，决定者亦有解释其决定的解释责任，如行政执法过程中的听证和说明理由，又如行政诉讼复议过程中的答辩和答复，都是决定者解释责任的表现形式。

决定者解释其决定有理论和制度上的根据，同时，决定者不解释其决定也有现实的、合理的原因，这只能存在于行政执法过程中，而不是行政诉讼复议等监督过程中。在行政执法绩效原则和简明原则优先的情况下，决定者在执法过程中可以不解释其决定。在实际执法中，当法律明确规定执法者应当解释其决定的时候，执法者必须解释，否则即为违法。法律没有规定决定者必须解释，在条件允许的情况下，以解释为原则，以不解释为例外。

第二节 解释主体：既是行政执法组织也是行政执法人员

由行政执法组织解释其行政执法决定好理解，由执法人员解释其所参与的行政执法决定不是很好理解，因为我们始终强调行政执法是一种组织活动，而不是一种个人行为，是一种组织意志，而不是一种个人意思，以组织名义作出决定，自然由组织来解释，在这个过程中实际上是排斥了个人意思意志的。实定法中有很多制度形式来体现和保障行政执法作为一种组织活动，如一般程序的两人执法，重大复杂案件的集体讨论，决定文本需加盖组织印章，行政执法追责先由行政执法组织负担而非先由行政执法人员担责等。因此，行政执法组织是行政执法解释的当然主体，同时，也应当看到，组成行政执法组织的行政执法人员也是行政执法解释主体。

第一题 从执法组织目标看

以组织为中心看组织，组织的存续总是以较大的事业目标为中心为导向，行政执法组织存续是以行政执法这个较大的事业为中心为导向。要完成行政执法这项事业，非个人能力所及，需要吸纳个人成为组织成员，以一定的结构分工协作合力完成。大到一个国家执法事业依靠执法组织系统，小到一个简易处罚案件，都存在执法组织成员相互协作的问题。

以组织成员看组织，则是具有共同目标的个人为完成这一共同目标相互合作，个人想要实现这个目标，但其能力不及，必须依靠与他人合作方能实现。在行政执法中，可以理解为，从事行政执法的个人，无法完成法律所规定的一件执法事项的全部劳作，需要其他行政执法人员的协作。每一个执法组织成员都实现组织目标的一部分，包括行政执法解释目标，对于其实现的那一部分组织目标，相应行政执法人员是解释主体。这不仅是指作为内在解释的对该事项的理解把握，也指作为外在解释的对该事项的分析说明。

如果执法组织成员不能理解组织整体目标和分项目标，就无法实现自己那一部分组织目标，如果组织成员不能向其他成员解释说明其所分担的那一部分执法组织目标，就无法完成组织合作，执法组织目标就无法实现或者不能很好地实现。因此，作为执法组织成员的执法人员必定是行政执法解释主体。

第二题 从执法组织意志看

执法组织的实际意志因执法组织的组织体制不同而不同，实行行政首长负责制的执法组织意志主要是行政首长的意志，即行政首长的个人意志，对于其作出的决定应当以理解为前提，并且以说明为必要（基于行政首长个人委托认可的解释视为行政首长本人解释），如果其不解释，则决定难以被人准确理解，也难以被很好地执行（行政工作中的领导讲话多可以看作对行政工作的解释）。

实行委员制的执法组织意志是作出决定的多个委员共同同意的那一部分意思，当这个决定在法律上成立生效，同意这一决定的每个委员都负有连带的解释责任，反对这个决定的委员在决定时应当就为何反对进行解释，在决定通过后，反对的委员对外就已通过的决定没有解释义务。决定者个人作为执法人员必定是执法决定的解释主体。

第三题　从执法组织行为看

决定者作出决定以决定构成为前提，构成决定的各个要素的获得和程序的实现并非都是决定者的劳作，甚至主要不是决定者的劳作，其需要依靠其他执法人员为决定的形成付出劳动。由于决定者精力所限，每一执法事项要素之职权确定，依据理解，证据取得，根据认定，理由形成，甚至作为决定形式载体的决定文本都由决定者以外的执法人员操作，多数情况下，决定者是在决定构成要件要素完备的基础上间接作出决定的，此时，直接获取执法要素和实现执法程序的执法人员即负有解释责任，如果其不解释，决定者就无法作出决定或者难以作出准确决定。执法组织决定者以外的行政执法人员也是行政执法解释主体。

当然，决定者以外的执法人员由于直接与执法决定的构成发生关系，其也参与执法组织意志的形成，也就是说，决定者及其他执法人员共同形成执法组织的意志即行政执法决定，决定者以外的其他人员并非只是无意识的行政执法实际操作者。从实践看，只有在极特殊情况下，决定者才会否定其以外的执法人员的意见，在一般情况下，决定者总是同意办案者和审核者的意见，因为他们更了解与决定构成有关的情况。此时，决定者在对自己的决定负责的同时，实际上也对审核者和办案者的行为负责。由此，决定者与审核者、办案者之间需要建立一种信任关系（一般认为属职务委托关系），也产生了决定者对审核者和办案者的职务行为进行管理的权力和义务。

第四题 解释名义

尽管行政执法人员是行政执法解释主体，行政执法组织的解释也是由一个个执法人员操作，但是执法人员的解释需以职位和组织的名义作出。执法人员以职位名义作出解释是一种内部解释，即基于执法岗位的执法组织内部的解释（注意与上文内在解释的区别），是办案者、审核者和决定者之间的解释，其解释具有法律效力并因此具有法律责任。

执法人员以组织名义作出的解释是一种外部解释，即基于执法组织成员身份代表执法组织的对外解释（注意与上文外在解释的区别，个人代表组织解释的根本原因是解释内容是多数人的意思集合而不单纯是该个人的意思），是执法者对相对人，对领导者、指导者、监督者以及社会公众的解释。这并不是一种特别授权，如执法组织发言人代表执法组织发言，而是执法者就其每一案件的处理在处理过程中和处理之后对每一执法相对人等的解释。无论是内部解释还是外部解释，对执法者来说都是一种职务行为，即职务解释。正因为是一种职务行为、职务解释，其解释行为需依照法律意志。

所有的组织目标归根结底都是个人的目标，所有的组织意志归根结底都是个人的意志，所有的组织行为归根结底都是个人的行为，从这个意义上说，执法组织解释归根结底就是执法人员的解释，但反过来说，执法人员的解释未必就是执法组织的解释，如未在执法时间、执法地点、执法程序中以规定方式解释执法决定，一般就不认为是一种职务解释（社会学上的角色理论能更清楚地说明这一点），在理论上区分执法人员个人行为和执法职务行为，主要看执法人员行为是否符合组织规范（尤指程序规范）和组织计划，在实践中也有相应的具体判断标准。

执法组织和执法人员对其执法解释依照法律规定承担不同法律责任。

第三节　解释对象：行政执法决定及其构成要件要素

行政执法决定与其构成要件要素是一个整体，但为了便于研究相关解释问题，将其分开理解。为了加强对行政执法决定的解释，下面将深入分析决定及其构成要件要素问题。

第一题　对行政执法决定的解释

在实质上，执法决定是一种主观的东西，是执法组织和执法人员"认为"的产物，所以上一本书中将执法决定定义为一种主张。这种主张可以有两层含义，即意思与意志。意思即想法，意志含有明确的想法、实现该想法的目的两重意义，对行政执法决定而言，就是履行职责职权的想法和实现职责职权的目的两重意义。

单纯的意思并不能构成决定主张，决定主张必然含有意志的意义，相对于民法上的请求权，行政执法决定是一种要求权（与民法上的形成权有相似之处），这种以要求权表现的意志由国家强制力即自有行政强制力或协助行政强制力予以保障。这在依职权行政执法中表现明显，如对行政处罚决定的强制执行。在依申请行政执法中不明显但存在。例如，违反许可决定从事相关活动会导致该决定撤销，被许可人在行政执法组织作出相关决定以后必须依照该决定从事相关许可活动，即是实现决定意志的表现（依申请执法中的准与不准同样是一种意志表现）。

执法决定作为一种主观主张、一种意思意志必须传递给执法相对人、相关人，这样才能发生外部法律效果，这种传递的媒介被称为决定表示，上一本书中将其列为决定成立的要件之一。决定与决定表示是同一事物内容与形式的关系，两者不可分割，没有决定表示就无所谓决定，不存在没有决定表示的决定。决定表示的根本属性是物质性，能够看到、听到、感知到。通常使用的决定表示也是最重要的决定表示是决定书，即载有决定内容的行政执法文书。

决定表示可以分为口头和书面两种，口头决定是指执法组织和执法人员以语音的方式表达决定内容，书面决定是指以文字的方式表达决定内容，并非必然以纸张作为载体。从更广的范围看，口头和书面不能涵盖的决定表示至少还有两种，即信号表示和动作表示，前者比如道口红绿灯，其表示通行与禁止通行的行政命令决定内容，后者比如强行带离现场动作，其表示即时行政强制决定内容。因此，决定表示至少可以分为并列的四类，即书面决定、口头决定、信号决定和动作决定。

作为执法组织和执法人员主观产物的执法决定，受客观上的法律控制。在行政法学上控制行政（执法）决定主要是程序控制和司法审查，在行政执法学上主要是实体控制和技术控制。实体控制主要是阐释法律是行政执法的标准内容，以此确定行政执法要素，规定每一行政执法必须存在组织、依据、根据、证据和决定要素，并以决定为中心规定决定实体构成及其要件要素，同时也包括程序控制，即规定决定程序要件。不符合法律控制要求的执法决定会得到否定性评价，甚至被确定为无效。技术控制在于将行政执法视为一个技术性过程，以行政执法技术规范规定每一执法环节、步骤的具体要求，包括法律空缺部分，规定每一行政执法场景中的标准执法语言、标准执法动作、标准执法仪态、标准执法解释、标准执法文书、程序等，将行政法学、行政执法学和行政法对行政执法的控制要求落实到细节的微观操作层面，包括执法应用技术和执法解释，本书探讨的是后一部分。

行政执法作为从规范到事实的活动，执法决定必须从法律中得到最终权威。上一本书中区分了法规范上的行政执法和实践中的行政执法两类，实践中的行政执法必须符合规范上的行政执法，包括执法决定。

在法规范上，一方面，执法决定从法律要素即法律原则、法律规范和法律概念角度上指向法律规范。从这个意义上说，决定包括法律规范逻辑结构两个部分，即规范构成要件和规范法律后果。法律原则一般不能对执法决定直接起作用，它需要通过作用于法律规范间接对执法决定起作用，或者在一定条件下转化为法律规范然后对执法决定起作用，这是因为法律原则内容在结构上通常无法如法律规范那样确切地区分出构成要件和法律后果，无法作为行政执法理由"三段论"大前提，也就不能以此作出行政执法决定，法律原则的内容通常仅指向某类法律规范的构成要件或者法律后果其中一个部分。法律概念组成法律规范，其对执法决定也不能直接起作用，而是以其组成法律规范整体的形式对执法决定起作用。

另一方面，执法决定从法律规范的逻辑结构即构成要件和法律后果上指向法律后果。执法决定所对应的规范法律后果最重要的是确定其法律性质（特性），法律后果具有制裁性，称之为行政处罚决定，法律后果具有对一般禁止事项的解禁特性，称之为行政许可决定等。确定规范法律后果的性质是因为不同的规范法律后果具有不同的构成要件要素，两者是对应的。确定了规范上法律后果的性质，通过比对，就能够判断实践中执法决定的性质（实际中的执法决定必须能够归入规范上的执法决定中的一类），从而推断出该决定应当具备的规范构成要件要素，以规范构成要件要素控制决定形成一个闭环，实现以法律控制行政执法的目的。

在实践中，对于一个既成决定即如此判断，这通常是监督、指导过程中对决定判断的一种思维方式。而对执法过程来说，对于一个未成决定，则应当在理解规范法律后果性质和规范构成要件要素的基础上，从规范构成要件要素出发形成符合法规范法律后果性质的执法决定。

这里的规范法律后果既是指行政执法组织规范上的法律后果，也是指行政执法相对人规范上的法律后果（这是两类不同规范，见下题），从实定法规定角度讲，在某一特定案件中，两者的法律后果是统一的（但构成要件要素不同），例如，"属于强制检定范围的计量器具，未按照规定申请检定或者检定不合格继续使用的，责令停止使用，可以并处罚款"（构成要件要素不完全的行政执法组织规范）这一行政命令、行政处罚规范的法律后果是"责令停止使用，可以并处罚款"，这是执法组织规范的法律后果，同时也表示执法相对人规范法律后果，即被责令停止使用，被罚款。从行政执法相对人规范角度表述这一法律规范是：属于强制检定范围的计量器具，未按照规定申请检定或者检定不合格的不得使用，否则将被责令停止使用，并可能被罚款。同样，与规范法律后果对应的实践中执法决定的法律效果既指向执法组织，也指向执法相对人，如依据上述规范作出一个处罚决定，对执法组织来说是履行计量行政处罚职责职权的法效果，对执法相对人则是被责令停止使用、被科以缴纳一定数额罚款义务的法效果。

执法决定按照其特性不同可以分很多类型，如行政处罚决定、行政给付决定、行政征收决定等。这里，为了便于理解本节和本书内容，讨论一种上本书中未曾讨论过的决定分类，即实体决定和程序决定。

可以简单地说，行政执法实体决定是对应行政实体法规范法律后果的决定，行政执法程序决定是对应行政程序法规范法律后果的决定，但是，什么是实体，什么是程序，什么是行政实体法，什么是行政程序法，或者什么是实体法，什么是程序法，又或者法律规范能否分为实体法和程序法两类，各自的内涵是什么。这些问题都是极其复杂的。其中一些问题是讨论执法实体决定和程序决定的前提，但与本书主题较远，仅以行政法学对相关问题的看法为起点来讨论这个前提。

行政法学上认为，行政实体法与行政程序法是可以分开的，实体与程序是同一行为的两个方面，对实体方面的规定即为实体法，对程序方面的规定即为程序法。按照应松年老师的观点，实体是法律所要达到的目的，程序是达到目的的途径和手段，其表现形式是步骤、方式、顺序和时限。以两者推论，针对某一特定法律行为，规定该法律行为目的的法规范为实体法规范，规定实现该法律行为所指目的的手段途径的规范为程序法规范。这在行政法治实践上也得到了印证，如我国行政处罚法、行政许可法和行政强制法一般被认为是行政程序法典，主要规定实现行政处罚、行政许可和行政强制目的的途径手段，同时也规定了行政处罚、行政许可和行政强制本身（即法律目的，程序法典中可以规定实体法规范，实体法典中也可以规定程序法规范，法典与法规范是两个不同的概念。法典、法条、法律语词是一类概念，法律原则、法律规范、法律概念是一类概念）。

在行政执法学上，为了更清晰地认识行政执法，便于行政执法，遵循上本书对法律实体和法律程序的认识（特别是行政执法事物节中的认识），在这里提供另一种实体法与程序法分类标准思路，以法律事物的角度，实体就是法律活动中的"物""要素"，而程序就是法律活动中的"事""关系"，即法律活动中物与物、要素与要素之间的关系。规定法律活动要素的规范为实体法规范，规定法律活动要素之间关系的规范为程序法规范。

在法规范上，法规范既规定法律活动的要素即实体也规定法律活动要素之间的关系即程序，它们是对同一法律活动要素与关系两个方面不同的、相互联系的规定。在法规范规定方式上，主要通过法律活动要素之间相互运动产生法律关系的运动形式即法律行为作出规定。当用法律行为这种外在活动表现形式指代法律活动时，可以这样理解，法律行为（活动表现形式）要素问题为实体问题，法律行为要素之间的关系问题为程序问题。与行政法学上的观点比较，行政执法学上以同一行为（活动）的要素与要素之间的关系区分实体与程序，而行政法学上以同一行为目的与实现行为目的的途径手段区分实体与程序。

在法实践上，法律活动实体要素是一种存在，而法律活动程序关系在没有法律行为这种运动形式将实体要素关联起来的情况下是不存在的，此时，不能产生实践上的法律效果（法律事实要产生法效果也必须借助于法律行为）。

例如，我国行政强制法规定了行政强制措施，"是指行政机关在行政管理过程中，为制止违法行为、防止证据损毁、避免危害发生、控制危险扩大等情形，依法对公民的人身自由实施暂时性限制，或者对公民、法人或者其他组织的财物实施暂时性控制的行为"，行政强制措施的直接目的是"制止违法行为、防止证据损毁、避免危害发生、控制危险扩大"四种情形，这四种情形按照行政法学的观点是法律实体问题（法律所要达到的目的)，由实体法规定。

为达到这四种情形的目的，我国行政强制法规定了行政强制措施，其是达到四种情形目的的途径手段，是法律程序问题，由程序法规定（故将我国行政强制法称为程序法典)。但是，在实施行政强制措施时，按照我国行政强制法规定，需要遵守"听取当事人的陈述和申辩"等规定，此时，听取当事人陈述申辩的直接法律目的是实施行政强制措施，听取当事人陈述申辩是实现行政强制措施这个法律目的的途径手段，按照行政法学的观点，此时，作为法律目的的实施行政强制措施为法律实体问题，相应的规范为实体规范，而作为实现实施行政强制措施目的的途径手段的听取当事人陈述申辩则是法律程序问题，相应的规范为程序规范。

从上面的例子可以看到，以行政法学目的与途径手段相区分的观点去判断法律实体规范与法律程序规范，可能会得到某一法律规范既是实体规范又是程序规范的结果。对于行政强制措施这一行为而言，相对于它的四个目的，行政强制措施行为是途径手段，其规范系程序规范，同时，相对于"听取当事人的陈述和申辩"等实现实施行政强制措施的途径手段而言，行政强制措施行为又是目的，其规范系实体规范。也许有人会说，听取当事人陈述申辩是行政强制措施这个法律行为的一部分，是其中的一个步骤环节，两者不是手段与目的的关系，而是部分与整体的关系，但是，应当看到，听取当事人陈述申辩在事实上是一个行为，在规范上也是强制执法组织的法律义务。

可以说一项活动包含多个行为，或者一个过程包含多个行为，但是在没有提前引入活动概念，并将行为作为活动的外在表现形式的情况下，绝不能说一个行为包含多个行为，在法律上也不能（即使一个法律行为可以包含多个非法律行为也不能，尽管法律行为通常是指向同一法律后果的多个行为的集合体），如行政强制措施行为包含听取当事人陈述申辩行为这种说法。即便将活动概念引入，以行为指示活动，也并非是说某一活动仅有一个行为表示，它可能有多个行为表示，这要看该活动要素之间产生多少个关系（此时说"同一行为"，是指"同一活动"，而不是指一个行为，行政法学上的表述习惯是以行为指代活动，这不利于执法理解）。相似的例子还有行政处罚案件中所采取的查封、扣押措施是实体问题还是程序问题等。实际上，法行为作为概念，是法活动这一概念的一部分，他们分别指向法事物的形式和整体。法活动概念包含法行为、法要素、法关系概念。

以行政执法学要素与要素之间的关系标准区分实体与程序的方法来分析上面的例子，在将行政强制执法作为一种执法活动的前提下（行政执法是一种活动而不单纯是一种行为或一个行为），一方面，行政强制措施作为执法决定是一种执法活动中的要素，关于它的法规定，即关于其概念的规定是实体规范，这其中包含目的因素，该因素是确定之所以为行政强制措施决定而非其他执法决定的重要性质判断标准,性质存在于事物本身,是该事物之所以为该事物的判断标准,关于执法要素性质的规定,在任何时候都是实体规范。同理,关于执法要素之间关系的性质的规定,在任何时候也都是程序规范。

另一方面,当以行政强制措施决定作为目标决定时,听取当事人陈述申辩这一行为首先表示的是执法活动中行政强制措施组织要素与行政强制措施根据要素之间的关系,听取是强制措施组织的行为方式,陈述申辩是强制措施组织的行为对象,行为目的在于当事人陈述申辩的内容,即有关实施行政强制措施的事实,在行政执法中被称为行政强制措施根据,是执法要素之一。

强制措施组织与强制措施根据两者之间的总关系是认定与被认定的关系,而听取当事人陈述申辩就是强制措施组织与强制措施根据两要素之间"认定"总关系其中的一种关系,即以听取当事人(强制措施相对人)陈述申辩的方式认定强制措施事实根据。这不是唯一的认定的关系方式,有时在行政强制措施以外的行政执法中也不是必要的认定的关系方式,只有在立法者认为听取当事人陈述申辩这种关系方式在执法中对于决定形成必须、涉及(最低限度的)公正并且有实现可能的情况下,才会被规定为必要的认定的关系方式,形成程序规定。类似于听取当事人陈述申辩这种表示要素之间关系的规范都是程序规范。

为加强对程序规范是实体要素之间关系的规范的理解,再进一步分析强制措施中听取当事人陈述申辩这个例子。作为执法要素的强制措施事实根据细分有行为主体、实行行为、行为对象等要素,当事人是行为主体,因此,听取当事人陈述申辩反映的是强制措施组织与强制措施根据中行为主体细分要素之间的关系，即听取与陈述申辩的关系。同时，当事人的陈述作为强制措施证据使用时，听取当事人陈述申辩这一行为还体现了强制措施组织要素与强制措施证据要素之间的关系，是强制措施组织要素与强制措施证据要素"取得"总关系中的一种关系方式，即强制措施组织通过听取当事人陈述申辩取得强制措施"当事人的陈述"证据的方式。听取当事人陈述申辩是强制措施执法活动另一要素即执法依据所规定，要求强制措施组织在实际执法中照做的，这就体现了执法组织要素与执法依据要素之间的"执行"关系。听取当事人陈述申辩基于上述各种关系，又参与了强制措施理由"形成"这一强制措施执法活动总关系（行政执法理由亦是行政执法总关系），是该总关系中的一个关系，其基于强制措施理由演绎逻辑关系，使包括强制措施决定要素在内的各要素发生关系（作为证据、根据的一种，为演绎逻辑提供小前提）。其他种类的执法关系依此类推。

当谈到"关系"这个概念的时候，一定包含关系中的要素，无要素无关系，但当谈到"要素"这个概念的时候，虽然从自然意义讲要素之间时刻运动产生关系，但从社会意义讲，在人们以自己意志决定的范畴里，可以只有要素而不发生关系。因此，在生活中可以以"事（关系）"指代事物，而不能以"物（要素）"指代事物，在法律上以法律关系分析法律事物从这个意义上讲是合理的，在行政法学上将行政法看作程序（关系）法在这个意义上也是合理的。

但是，要素始终是关系的基础，正如上面所说，无要素无关系，仅将要素放在关系中研究，既不科学也不完整，不利于对要素问题全面深入的认识，对法学研究和行政执法研究也是如此，只有在法活动（而不仅是法关系、法要素或法行为）的视域里将法活动的要素和关系并重研究才可能较好地解决上述问题。

与活动、要素、关系关联的"行为"概念在法学和法实践上有重要意义，刑法学对此多有专论，认为是犯罪构成体系最为重要的要素，归结了行为概念的各种功能。在行政法学上，将"行为"作为一个单独概念鲜有探讨，从"行政行为"概念的用法看，其中的行为之意应为某一行政活动中具有决定性法律意义（对行政相对人的）的特定行为（其中具体行为通常以可复议可诉讼为标准，即行政决定），并以该行为指代该特定活动。

在简单行政时期，将行政看作"行为（决定）"这种"点"，将其纳入行政法研究足够满足控权需要，在行政国家时期，在行政法学上要将看作行政的"行为"发展到作为行政的"过程"这种"线"的方式理解，否则无法全过程管控行政权，在行政发展到当前参与行政、专业行政、综合行政、全面行政等复杂行政的情况下，要将行政法学中作为行政的"行为"概念发展为"活动"这种"面"和"体"、系统的概念来理解，甚至要发展到更高维度去理解（见第七题），否则就无法对行政权进行全方位、全过程和动态化规控。

在行政执法学上明确，执法是一种活动，执法行为是执法活动的外在表现形式，一项执法活动可以有多个执法行为，每一履行执法职责职权使执法要素之间建立执法关系进而表现出的行为均为执法行为，同时，将这些行为中表现直接外部法律效果确定主张的行为作为决定行为。一项执法活动在执法实际中是一桩执法案件，最终以一宗执法案卷的形式留存。行政执法学上的活动论，不仅扩展行政法学行为论内容，也扩展行政法学过程论内容，行政法活动作为一个系统，还可以纳入行政法活动环境论内容等，形成行政法活动完整生态。

基于上面的分析，对执法要素作出的决定为实体决定，对执法要素之间关系作出的决定为程序决定。实体和程序作为同一问题的两面，在作出的实体决定或程序决定中，都同时包含实体（执法要素）和程序（执法要素之间的关系）问题，即是说，每一执法决定必包含实体和程序，不存在只含有实体或程序其中一面的执法决定。具体到决定构成要件要素来说，即无论执法实体决定还是执法程序决定，都既包含实体要件要素，也包括程序要件。执法实体决定与程序决定的不同在于是对实体（要素）赋予一个法效果还是对程序（关系）赋予一个法效果，而不在于决定中有没有实体和程序。

第二题 对决定构成要件要素种类和层次的解释

执法决定作为法律规范的法律后果，以法律后果所对应的构成要件要素为前提，这个前提是实际中的执法决定形成必须关系即行政执法理由中大前提的一部分（大前提含构成要件和法律后果两部分）。在实际中作出正确执法决定，除了决定本身需要符合上题所分析的内容外，还必须准确分析作为大前提的规范上的构成要件要素，这样才能够确定构成要件要素性质（特征），进而依该性质通过执法证据确定现实中所指称的事物，即认定事实根据，以此为执法理由提供小前提，形成行政执法理由，作出执法决定。为达此目的，需要先对规范上的构成要件要素作种类和层次上的分析解释。

法律规范构成要件要素是由法律规定的，因此，在分析构成要件要素之前，还需先分析行政执法法律规范的分类。行政执法法律规范可以分为两大类，即行政执法组织（权力行使）规范（含纯行政执法事实处理规范）和行政执法相对人（行为）规范（参考上一本书行政执法规范节中的讨论），前者规定行政执法各要素各关系，后者规定执法要素中的依据要素（针对相对人，狭义依据），对行政执法过程而言，其从属于前者，在这个意义上，两者都是执法组织规范。但在法律体系中，两种法律规范没有从属关系，都是一种行为规范，只是针对的对象不同，在这个意义上，可以将行政执法中的法律规范区分为两类，即对行政执法组织的执法规范和对行政执法相对人的行为规范（与裁判规范和行为规范分类比较）。

通常这两类规范在同一个法条中表示，如上题所举"属于强制检定范围的计量器具，未按照规定申请检定或者检定不合格继续使用的，责令停止使用，可以并处罚款"的例子，这一法条既包含执法组织规范也包含执法相对人规范。又如，我国《社会保险法》规定，"社会保险行政部门对社会保险基金的收支、管理和投资运营情况进行监督检查，发现存在问题的，应当提出整改建议，依法作出处理决定或者向有关行政部门提出处理建议"，这一法条既规定了社会保险执法组织行政检查的职权，也规定了社会保险基金管理运营机构接受检查的义务。

同时，也有一些仅指向执法组织的规范规定，如我国《行政处罚法》规定，"公民、法人或者其他组织违反行政管理秩序的行为，依法应当给予行政处罚的，行政机关必须查明事实；违法事实不清的，不得给予行政处罚"，这一法条是针对执法组织的规范，而不是执法相对人行为规范，等等。有的法条表面看是仅针对执法组织的规范，实际也同时指向相对人，如我国《药品管理法实施条例》规定，"药品抽查检验，不得收取任何费用"，这一法条要求药品执法组织和检验机构在药品抽查初次检验中不得向相对人收取检验费用，同时也设定了相对人拒绝缴费的权利。

除执法组织规范和执法相对人规范分类外，还有一种传统的典型分法，即实体规范和程序规范，就如上题所进行的讨论。

基于上述对执法规范的主要分类，行政执法决定构成要件要素以行政执法组织与行政执法相对人的不同，可以分为两类，即行政执法组织权力行使要件要素和行政执法相对人法律行为构成要件要素，它们存在于同一决定之中。以实体和程序的不同，也可以分为两类，即实体要件要素和程序要件，它们也存在于同一决定之中。

这两种分法是交叉关系，即行政执法组织权力行使要件要素既有实体要件要素也有程序要件，行政执法相对人法律行为构成要件要素也包含实体要件要素和程序要件这两个方面。同样，实体要件要素既存在于行政执法组织权力行使要件要素之中，也存在于行政执法相对人法律行为构成要件要素之中，程序要件也是如此。需要注意的是，对于执法组织的执法决定来说，执法实体决定即关于执法要素的决定也会有程序要件的问题，执法程序决定即关于执法要素关系的决定也会有实体要件要素的问题。

行政执法决定构成要件要素可以分两个层次，第一层次是构成执法决定的行政执法组织权力行使实体要件要素和程序要件，实体要件要素包括组织、依据、根据、证据，程序要件包括理由、告知、回避等。第二层次是行政执法相对人法律行为构成实体要件要素和程序要件，以及行政执法事实构成要件要素（单纯作用于物的行政执法中）。第二层次构成要件要素由第一层次中的行政执法依据要素规定，即由上面所说的针对相对人行为的法律规范规定。

行政执法相对人法律行为构成实体要件要素包括时间地点、行为主体、实行行为、行为对象、行为结果、故意过失、权利行为能力等，这种构成要件要素连同行政执法实体构成要件要素，关于这些要件的确定问题将在本书第四章讨论。这种构成对于依职权行政执法决定构成比较好理解，如典型的行政处罚。对于依申请的行政执法决定构成可能不是很好理解，这里需要单独讨论。

第三题　对依申请决定构成实体要件要素的解释

执法相对人法律行为构成要件要素中的程序要件问题，在下题中单独讨论，本题只讨论实体要件要素问题。

在依申请决定构成中，行政执法相对人法律行为构成中的行为主体是指申请人（是否存在，单位、个人，可否代理等），实行行为是指申请行为（实际申请，申请方式，申请事项等），行为对象是指申请对象，即行政执法组织（符合管辖），故意过失是指申请意识（非申请人意思不构成申请），另加时间地点要素构成，一般无行为结果要素。在上列要素符合法律规定并具备程序要件的情况下，即构成申请。构成申请并不能形成最终是否批准申请的决定效果，只能产生受理的法律效果（予以受理或不予受理是行政执法学上的行政执法决定）。受理后需要对实行（申请）行为要素中的申请事项要素按照该事项的要素即时间地点、行为主体、实行行为、行为对象等对照法定条件标准（依据）进行审查决定。

因此，行政执法相对人在依申请行政执法中，其法律行为构成需要两个不同层次的要素，即构成申请要素和申请事项要素。而执法组织方面依申请决定构成不仅包括上两个层次的要素，还包括其他行政执法要素和行政执法程序要件，也就是说，在实体要素方面，依申请决定构成由三个层次的要素构成，行政执法组织权力行使要素、行政执法组织权力行使要素中的依据要素对应的依申请行政执法相对人法律行为构成要素、依申请行政执法相对人法律行为构成要素中的实行（申请）行为所包含的申请事项构成要素。由此来看，依申请行政执法在实体要件要素方面要比依职权行政执法复杂。

行政执法决定构成实体要件要素和程序要件自然由法律规定，行政执法相对人法律行为构成要件要素自然也是由行政执法依据规定的，这是它们的规范性。同时，将行政执法作为一种实践中的事实活动来研究时，行政执法各实体要件要素和程序要件都作为一种事实存在，即实体要件要素事实和程序要件事实，此时，将行政执法根据要素而不是仅将行政执法依据要素对应于行政执法相对人法律行为构成要件要素，它所指示的是，只有事先具备这些要件要素事实，才能在执法实际中形成一个决定。当然，具备的要件要素事实是符合依据规定的要件要素事实。

第四题 对执法组织角度决定构成程序要件的解释

当谈论要件要素这个问题时，在民法和刑法上主要是指实体法所规定的实体要件要素，鲜有涉及程序要件问题，这在行政法上是不适宜的。程序控制是行政法控权非常重要的一种手段，这集中表现在对行政（执法）决定形成过程中是否遵守行政（执法）程序的考查和认定，严重违反法定程序的行政（执法）决定是无效的。因此，在行政执法学上，需要研究行政执法决定的程序要件。

决定构成程序，要解释的是，各行政执法要素之间以何种关系关联，哪些是保证决定正确必须建立的关系，哪些是可以建立的关系（羁束与裁量，裁量程序亦可成为程序要件，裁量是一定条件下的必须）。除了执法要素之间的关系外，还包括执法组织与执法相对人之间的社会关系，即行政执法活动要素之间的关系。这些要素之间的关系中，以作为行政执法理由的依据、根据、证据之间的演绎逻辑关系最为重要，最为根本，关于执法理由的理解，在上一本书中作了讨论。从每一执法决定必存在执法理由的角度说，每一执法决定必存在程序要件。基于执法决定类型的不同，对于除执法理由外其他决定程序要件的规定不尽相同，在实际执法中需要根据实定法不同决定类型进行归纳。以一般程序行政处罚决定为例，其程序要件至少包括表明身份、回避、告知、听取陈述申辩、说明理由等。

对行政执法程序要件的理解说明需要注意的是，基于行政执法绩效原则和简明原则，规定执法程序需是"要点式"的，这些程序"要点"即是法定程序要件，执法程序法并不像诉讼法那样将诉讼全过程规定得完全程式化，规定得那样缜密。同时，执法程序要件也不能像实体要件要素那样无论法律是否明示，某些要件要素必然存在，执法程序要件在法律没有明示的时候是不存在的，除非基于行政法程序性原则推定某一程序要件必然存在。

法规范上的程序是要点式的，实际执法活动是连贯一体的，这就存在大量程序空缺，这其中的解释空间很大。当然，执法组织基于技术和质量效率的原因，运用执法技术规范将其中的程序裁量和空缺予以填补是一个不错的选择（这里的空缺填补不是一种法律解释学上的漏洞补充），能够避免个案裁量和个案填补带来的弊端，此时对程序裁量的解释即转化为对技术规范和技术实现的解释。

凡是对行政执法程序具有"必须"意义的规定，都应当是保证决定公正的最低要求（否则会影响绩效和简明原则），都应当是保证决定公正的关键环节。

这些决定构成程序要件问题与决定构成实体要件要素一样，都是行政执法解释问题。

第五题　对行政执法相对人法律行为构成程序要件的解释

从上一题可知，行政执法组织角度是存在决定构成程序要件的，那么执法相对人法律行为构成要件要素中是否也存在程序要件呢？一般的回答会是否定的。即便是对构成要件要素研究深入的刑法学领域，也极少提及犯罪构成程序要件问题。从相对人一方说，所谓执法相对人法律行为构成程序要件是指构成该行为所必需的相对人一方的程序性要件。从执法组织一方说，就是执法组织要作出决定，该决定构成中所必须包含的相对人一方的程序性要件，这种程序性要件既可能与作出该决定的执法组织所执行的程序有关，也可能与作出该决定的执法组织所执行的程序无关，而与其他执法组织等主体有关。

一类是特定决定执法程序中的执法相对人程序要件。这类要件是指在某一特定执法程序中，执法相对人必须以实际行为参与该程序决定才能作出的要件。这类要件不是执法相对人自己行为的要件，或者与作出决定的特定执法组织以外的个人、组织发生程序关系的要件，而是与作出针对该相对人决定的执法组织之间的程序关系的要件，执法相对人必须向针对自己的执法组织作出一种行为（含不作为），产生一种法律关系，相应的执法决定才能作出。

在依职权行政执法中，相对人程序要件需要依据实定法确定。如一般程序的行政处罚案件中的听取当事人陈述申辩，既属于执法组织程序要件，也属于相对人程序要件，该要件必须有当事人实际行为参与到程序当中,即当事人向特定执法组织请求或者放弃陈述申辩(含默示),否则不得作出决定。在实际执法中,无论当事人请求还是放弃陈述申辩,都应当予以记载(所有要件要素均需记载于案卷之中,包括程序要件),而不能对放弃或者过期未陈述申辩不予记载。

又如行政处罚事先告知,同样既属于执法组织程序要件,也属于相对人程序要件,执法组织未告知或者执法相对人不知道、不能推定为知道该行政处罚事先告知,则决定不得作出。同样,表明身份既是执法组织要件也是执法相对人程序要件,但是,与表明身份相关联的确认身份并不是相对人程序要件,实定法并未规定必须经相对人确认身份执法决定方可作出(否则会极大影响执法绩效原则,甚至使行政执法变得不可能),只需当事人看到(感知)表明身份的物件即可,等等。

在依申请行政执法中,普遍存在相对人程序要件,因为依申请行政执法的启动者是申请人,在行政执法程序行进过程中,也存在大量申请人需配合执法程序的情况。凡需以申请人实际行为参与,执法程序方可启动或行进的程序规定,都是相对人程序要件,该程序要件不满足,则不得作出相应决定。比如,我国《行政许可法》规定,"申请材料不齐全或者不符合法定形式的,应当当场或者在五日内一次告知申请人需要补正的全部内容",如申请人不补正或者未按照法定期限、合理期限补正的(程序要件),会形成一个程序法上的执法决定,即不予受理决定,这种执法程序决定表示,许可组织要素与许可根据要素中的申请人细分要素终止申请行政许可法律关系。此时,不能形成一个执法实体决定,即准予行政许可或者不予行政许可的决定,不能对许可根据要素中的申请事项细分要素作出肯定或否定的决定。如申请人按要求补正资料(程序要件),且符合其他许可要件要素,会形成一个准予行政许可的执法实体决定。

这里需要注意的是,行政许可中的不予受理作为执法学上的执法决定,作为执法程序决定,正如本节第一题所述,与执法实体决定一样,有其自己的执法组织、依据、根据、证据实体要件要素和执法理由等程序要件,将其作为行政许可执法活动的一个环节时,可以概括地将其要件要素放在行政许可要件要素中加以研究和指称,但将其作为一个独立的执法决定讨论时,应当针对不予受理决定具体化确定其构成要件要素。

另一类是特定决定执法程序以外其他法律程序中的执法相对人程序要件。这类要件的形成与当前决定程序无关,系执法相对人在进入当前决定程序之前或者处于当前决定程序之中但需要完成的其他法律程序要件,该要件不满足,则当前执法程序不能形成一个执法实体决定,只能形成一个执法程序决定。这类程序要件最明显的莫过于依申请行政执法中的"前置"审批要件。如我国《建筑法》规定,"申请领取施工许可证,应当具备下列条件:(一)已经办理该建筑工程用地批准手续……",要作出施工许可决定,需要执法相对人事先满足在另一执法程序即用地许可程序中取得用地许可,只有执法相对人具备这一程序要件,建设执法组织才可能作出施工许可决定(手续是偏重于程序的一种指称,故这里确定为程序要件,如果将批准手续理解为批准决定,亦可将其作为实体要件要素,即权利行为能力要件中的资质要素）。

除上述两类执法相对人程序要件外，还存在在特定决定程序中执法相关人程序要件，这类程序要件不满足，相应执法决定亦不能作出。如我国《行政许可法》"行政机关对行政许可申请进行审查时，发现行政许可事项直接关系他人重大利益的，应当告知该利害关系人。申请人、利害关系人有权进行陈述和申辩。行政机关应当听取申请人、利害关系人的意见"规定中告知利害关系人、利害关系人陈述和申辩的规定，我国《治安管理处罚法》"有下列行为之一的，处五日以下拘留或者警告：（一）虐待家庭成员，被虐待人要求处理的"规定中被虐待人要求处理的规定，都是作出执法决定的执法相关人程序要件。

以上行政执法决定构成要件要素均存在理解和说明的问题，即行政执法解释问题。

第六题　对执法决定及其构成要件要素解释的一体性

我们所讨论的解释主要是现实中执法活动的解释，而不是规范上执法规定的解释，只有在涉及规范上的执法规定时，才会对这种规定提出一个解释方案。或者换一种说法，讨论的主要是行政法律的实际运行而不是行政立法，行政立法的结果行政法律只是行政法律实际运行若干要素中的一个要素，如果说我们讨论的解释也是在解释立法，那是从执法的角度去解释立法，而不是从立法的角度去解释执法。法律是为了解决问题（事项）而存在的，如果将法律放在广阔的社会生活中，法律从来都不是社会生活的中心，也永远不可能是社会生活的中心，相对于万事万物，它只是处理一部分事项的一部分标准，这个处理事项的过程中的一类是行政执法。

现实中的执法活动是以执法案件为表现形式的。执法活动、执法系统、执法工作、执法事项、执法案件、执法案卷、执法行为、执法程序在某种意义上同义，这种意义就是指它们都是行政执法事物，必须具有执法事物的组织、依据、根据、证据、决定要素和执法理由必要关系。在解释执法案件中的决定及其构成要件要素时，即是解释相关的执法活动、执法系统、执法工作、执法事项、执法案卷、执法行为和执法程序，这是执法解释一体性的一层含义，即执法要件要素将执法活动、系统、工作、事项、案件、案卷、行为和程序统一起来。这种一体性是从法律作为执法的内容标准，即从广义的执法法律依据角度得出的结论，即法律规定了执法的五要素一关系（这种规定是法律对行政执法这一事物的概括，是对现代执法活动规律的反映），这些要件要素在执法活动、系统、工作、事项、案件、案卷、行为和程序中均得以体现。

执法解释一体性的另一层含义是从法律作为执法依据的狭义意义上得出的，即狭义的执法依据规定了执法相对人法律行为构成要件要素，这种要件要素贯穿于执法活动要素即组织、依据、根据、证据、决定和理由始终，执法相对人法律行为构成要件要素将执法活动要素统一起来，由执法依据规定，它由执法组织在认定执法根据时对要件要素分门别类地予以认定，由执法证据分门别类地证明，依据、根据、证据和决定之间形成执法理由,也必须在大前提和小前提间按照要件要素分门别类地对应。

第七题　从更广阔的视角解释行政执法——行政执法的维度:从一维到五维

正如第一题所言,行政执法或者说行政行为在当前复杂行政的形势下,应当从行为(决定)、过程这种"点"和"线"的理解转化到活动这种"面"和"体"的理解。在活动论的视角下,每一执法活动的内涵和外延都变得更加丰富,但应当看到,无论其变得如何丰富,执法活动的基本成分都是"点",这里的点不再是前述的行为而是每一个执法要件要素。这就像两点连成一线,一线里面有若干的点,将其中认为的"重点"予以显著标记,并将其作为这条线段的主要标识。同样道理,三点成面,四点成体,也都如上述标记重点,作为标识。重点即为法律所规定的特定执法活动的要素要件,这种要素要件不仅规定着某一特定执法活动本身,也是执法活动合法、绩效和简明的判断要点。

换一个角度来说明这个问题,用维度的观念来看行政执法,可以更好地说明行政执法在现代需要作为一种活动的必要性和复杂性。通常,一维可以用一条直线表示,最原始简单的行政执法从执法组织一方来看必然包含两个要素(实体的点)即执法组织(人员)和执法决定,这里的要素作为维度中的点,两个要素之间的连接即是一个行政执法一维空间。(注意:后面的高维度都以一维参照)

图一： 行政执法活动一维图景

组织　　决定
●━━━━━●

显然，在现代社会行政执法早已经不是行政执法组织"独断权力主张"这种一维行为，即不是组织—决定这样的一维图景，现代执法活动还必须具有依据、根据、证据要素（点），这些点与原始的执法组织—决定这一线段（一维）连接构成了二维平面图景。也许有人会说，依据、根据、证据这些要素的点是执法组织—执法决定这一线上的点，而不是线外的点，不能构成二维图景。这是从现在所理解的当代行政执法思考出发得出的结论，而当划分执法维度的时候，是需要参照执法一维图景的（二维的面的参数是一维的线），在执法一维图景即简单行政执法时期，这些要素这些点是不存在于或者说不完全存在于执法一维线段中的，即使在现代，在有些地方和领域不完全具备执法要素的执法活动仍然存在，即是说现代有的违法执法还是那种组织—决定一维图景。

图二：行政执法活动二维图景

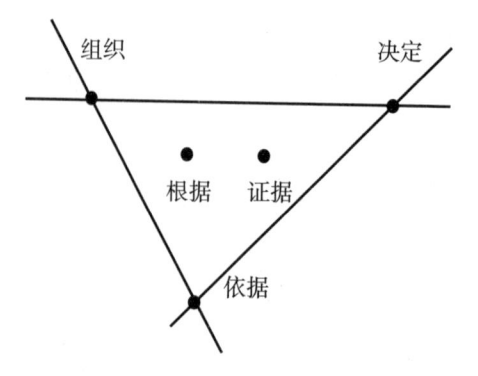

如果将执法组织和执法相对人以及其他相关人员即执法参与人作为执法活动这一系统的要素（二维），此外的主体和人员等实体作为执法系统外的要素，则可以看到，每一个执法案件（系统）都可能跟案外的执法领导者、指导者、监督者等社会或行政系统其他要素发生关系，这些要素与执法活动的二维图景构成了行政执法的三维结构，而且是多个三维结构，即执法系统与执法环境之间的关系结构。执法三维结构在当前执法公开的情形下变得愈加明显。

图三：行政执法活动三维图景

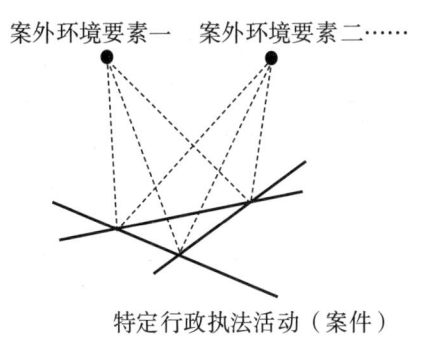

案外环境要素一　案外环境要素二……

特定行政执法活动（案件）

如果把第四维度看作时间，每一执法案件及其环境都作为一个节点存在，将这些节点连接就形成了行政执法的四维空间图景，每一节点都是一个行政执法三维结构，都是构成行政执法的四维空间的要件要素。在现实的行政执法中，可以将其想象为某一执法组织从设立到撤销时间段所办理的所有的执法案件，虽然"当前"看不到过去案件正在办理的图景（三维），但能够看到过去案件所形成的案卷，这些案卷就是行政执法四维空间相连接的一个个点。执法案卷评查即是一种执法四维空间的概念。

图四：行政执法活动四维图景

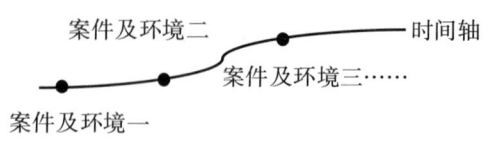

案件及环境一　案件及环境二　案件及环境三……　时间轴

五维空间通常被解释为具有层次性，源于多个四维空间的交叉。组成四维空间的每一个三维空间都有无数个行进的可能，这种可能在五维空间里被认为是一种实在，从每一个三维空间的"点"发散行进的轨迹（三维空间中的可能，五维空间中的实在）即是四维空间的时间轴（参考上一段），这个时间轴基于三维空间的"点"而与该三维空间"原在"的四维空间时间轴形成交叉，即两个四维空间时间轴的交叉，从而形成五维空间。由于四维空间时间轴上有无数个三维空间的"点"，又由于三维空间的"点"有无数个发散行进的轨迹（四维空间），最终将填满五维空间。有人认为，物理学角度的系统概念是一个五维空间概念，每一种实体都是一种五维空间的存在。

以五维空间来理解行政执法系统，作为行政执法三维空间的执法案件及其环境也有多个行进的可能，这种可能性是由多种因素造成的，仅选取其中一个因素讨论。例如，认定执法根据，这一因素会明显影响执法案件及其环境的走向。对于一个行政违法事实的不同认定，可能导致形成行政命令、行政处罚、行政强制、行政检查等多个不同的执法决定，并因此影响执法环境，即便认定为行政处罚根据，也存在给予哪种处罚的不同决定等。对于行政执法事实的不同认定又涉及对法律依据的解释，执法组织人员的专业素质，证据的取得、理由的形成等各种执法要素要件。这实际上是如何正确地办理每一个执法案件，正确地开展每一个执法活动的概念。

图五：行政执法活动五维图景

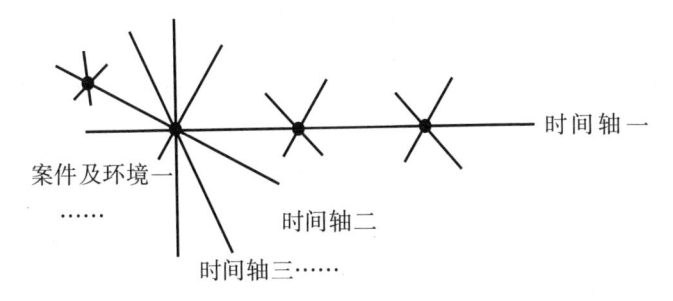

案件及环境一……
时间轴一
时间轴二
时间轴三……

可见，从五维空间角度去认识执法系统，其本身不仅是一个宏观的图景，在具体方面也是非常细致且相互联系的。不同执法案件及其环境的走向构成了行政执法系统，广义的执法系统既有时间性，也有空间性，还有层次性，实际涉及行政执法的所有存在。最广义的执法系统即是这种意义，较广义的执法系统是行政执法三维空间的意义，即执法活动及其环境，而平常所称的执法系统是狭义的执法系统，即行政执法二维空间的意义，即包含各种执法要件要素及其关系的执法活动。在行政工作中，还有一种执法系统最狭义的意义，指的是横向和纵向执法组织的总和，仅涉及执法要件要素一个方面。

以上是以行政执法要件要素的角度构建行政执法的维度空间，也可以以行政法行政主体与行政相对人和行政领导者、指导者、监督者等要素构建行政执法的一维到五维空间（参与行政），这只是方法问题，只要能全方位、多角度、多层次认识行政执法即可。

从一维空间到五维空间这个角度去阐释行政执法，不仅是为了形象地解释理解行政执法从简单到复杂的过程，以及这个发展过程中每一阶段行政执法的各个方面，从而全面深入理解说明行政执法，更在于通过行政执法五维空间的揭示来把握行政执法活动的时间性、空间性和层次性，以便于更全面更深入地研究行政执法，识别行政执法系统（最广义）中的各种要件要素，科学确定这些要件要素之间的关系，将行政执法系统各种要件要素区分出来、加以标识、分清轻重并恰当地予以衔接，在规范中加以规定，在实践中予以实现。只有这样才能在理论上和实践中更好地在宏观上把握行政执法走向，在微观上保证行政执法正确。

第三章 行政执法解释准则

本章所要讨论的问题是，行政执法解释所要遵循的标准，在行政执法解释中不坚持解释准则会使执法解释无效。解释准则并不能产生确定的解释结果，而是解释活动的界限范围标准，在解释准则内的解释结果被认为合法有效，在解释准则之外的解释结果被认为非法无效。

行政执法解释准则并不提供一种具体的解释执法决定的方法，而是告诉作为解释主体的执法组织和执法人员在对解释对象即执法决定的解释活动中应当符合的解释标准，或者说是一种解释界限。行政执法解释准则在形式上是一种原则性描述，这并不意味着解释准则是模糊的，反而是界限明确的。从解释的两重意义上说，在自己理解的层面，不符合解释准则的对行政执法的理解会导致行政执法无效，在向他人说明的层面，不符合解释准则的对执法决定的说明会导致执法效果不好，这种不好的效果既可能是一种法律效果，也可能是一种行政效果或者社会效果，有时也会导致解释对象即执法决定无效。

行政执法解释的第一准则是遵循决定原意，任何一种解释都意味着对某种"原意"予以还原，解释就是为这种还原进行分析说明。行政执法解释从建构的意义上，是执法者还原立法者立法"原意"的过程，从重述的意义上，是执法者还原自己或者其他执法者执法"原意"的过程,脱离规范意义上的决定原意和实践意义上的决定原意进行解释是解释错误。第二个解释准则是具有材料支撑,显然任何解释都得从一种事实存在出发,没有任何材料支撑的执法解释是无效的。以上两点基于行政执法的法律性和依法执法原则得出。行政执法的行政性和绩效原则要求解释行政执法要坚持执法话语,以行政执法话语和言说主导作为交往商谈的行政执法活动,这是行政执法解释的第三个准则。第四个解释准则是运用理论解释,为行政执法的法律性和社会性以及依法执法原则和简明执法原则所规定,在行政执法解释中,应当坚持以理论解释为主,以常识解释为辅,力求通过执法解释实现执法效果统一。

第一节 遵循决定原意

行政执法概念具有两重意义,一种是规范意义上的行政执法,另一种是实践意义上的行政执法。规范意义上的行政执法是实定法对行政执法的应然规定,实践意义上的行政执法是行政活动中行政执法的实际状态。这两种意义存在于行政执法各要素各程序之中,作为行政执法要素的行政执法决定也具有这两种意义。因此,理解符合决定原意这个解释准则时,需要从决定的两重意义即规范意义上的执法决定和实践意义上的执法决定全面理解。

第一题　规范意义上的遵循决定原意准则——行政执法上的法律解释

符合决定原意准则在规范意义上，指向规范上关于执法决定的规定的解释，即指向对执法决定的法律规定的解释。在这里，符合决定原意准则要求的是，对规范上关于执法决定的规定的解释，应当符合立法者原意（参见第一节），此时，关于执法决定的"规定"的"决定"者是立法者，关于执法决定的"规定"是立法者"决定"的形式，符合决定原意，自然要符合立法者原意。

依上一章，执法决定除了本身要合法外，还依赖于决定构成要件要素，因此，关于执法决定规定的解释也是对规范上关于决定构成要件要素规定的解释。法律规范是一个形式和实质上的统一体，规定执法决定以及构成要件要素以外的规范与其多有联系，在解释执法决定及其构成要件要素规范的同时也需要解释相关规范，因此，对执法决定规定的解释也是对整个法律制度体系的解释。总之，对执法决定规定的解释，就是对法律的解释，需要遵循法律解释准则和方法。

执法决定的规定作为法律，对其的解释自然是法律解释，属法律解释的一部分，应当参照法律解释的理论和规定进行，其解释准则亦是法律解释准则。参考有关法理论，对执法决定法律规定（行政法）的解释准则至少包括法律文义范围准则（不是文义解释方法）、法律解释方法准则、执法共同体通说准则、政治价值准则四个方面。

法律文义范围准则是指对执法决定法律规定的解释应当在法律文本含义范围之内，在任何时候都不能超越特定法律文本的最大内涵范围和最大外延范围。一旦超越这个界限，法律解释即变为法律漏洞填补，也就不再是法律解释。

法律解释方法准则是指对执法决定法律规定的解释应当遵循一定的法律解释方法，尤其是现有的已被业界广泛承认的方法，在这类方法之外使用其他方法解释的，应当更加充分地展示论证过程，即不仅要展示运用该解释方法的过程，还要论证该解释方法的科学性。不得脱离解释方法随意解释。解释法律规定的目的是寻找立法原意，在解释之前并不知道什么样的解释结果是立法原意，此时，解释方法就成为判断解释结果是否正确的重要标准。执法解释作为执法活动有绩效要求，科学的解释方法不仅能够帮助找到正确的解释结果，还能帮助提高解释效率。

执法共同体通说准则是指对执法决定法律规定的解释，应当在执法共同体通行说法之内，如不遵循通行说法应当具有充分理由。执法共同体可以大致分为执法理论共同体和执法实践共同体两类，两者相互影响，相互依赖，都属于执法共同体这一整体的一部分。遵循执法共同体通说，首先应遵循执法实践通说，在没有实践通说的情况下应当遵循理论通说。实践通说有很多表现形式，可以分为正式形式（优先）和非正式形式，正式形式如法律规定和行政规定，非正式形式如有关法律立法机关、司法机关、执法机关（及三者有关的内设机构）独立或共同形成的有关法律解释问题的会议纪要，新闻发布会通稿，在媒体上发表的"答记者问",在报纸杂志期刊上发表的阐释性文章,相同法律文本在相似案件中的解释等。理论通说以教育部门核定的大学本科法学统编教材所归纳的通说为准,其次以相关领域权威专家参与的集体论证结论为准,无一致结论的,以相关领域权威著作观点为准。

政治价值准则是指对执法决定法律规定的解释应在所在国家的政治价值范围内进行,不得违反该国政治价值。法律是政治国家的产物,特定法律表现特定国家政治价值取向,尤其是宪法和行政法。政治与法律的关系如果用一句话表述,那就是法律是表达政治国家意志的形式。规定什么主要是一个政治问题,而如何规定主要是一个法律问题。对行政执法决定法律规定的解释主要是对行政法的解释,应当遵循政治价值准则。王旭在其所著《行政法解释学研究:基本原理、实践技术与中国问题》一书中认为:"行政法解释的本质正是一种客观化政治价值的过程。"政治价值有很多内容和表现形式,既可以是法律文本,也可以是独立的规范表述。如社会主义核心价值观"富强、民主、文明、和谐、自由、平等、公正、法治、爱国、敬业、诚信、友善"就是我国政治价值的重要内容,在对执法决定法律规定解释时应当遵循。

第二题　实践意义上的遵循决定原意准则——行政执法上的"有"和"是"

实际中的行政执法决定解释遵循决定原意是指对正在形成或者已经形成的执法决定解释,应当符合其建构过程中作出该执法决定的执法组织原意。其与规范上的行政执法决定遵循决定原意不同，是遵循执法者原意，而非立法者原意，同时，前种解释发生在执法程序之中或之后，后种解释主要发生在特定执法程序开始之前。任何执法原意内涵外延都是确定的，而不是像立法原意外延那样有可能不确定，需要在遵循解释准则前提下以解释方法确定。

执法决定原意从性质上可以概括为两类，即"有"和"是"。"有"是存在，"是"为归属，所谓归属是指"有"系法律规范构成要件或法律后果概念内涵属性所指称的现实存在的外延事物。"有"是"是"的前提，在"有"且"是"的情况下，应当作出与"有"和"是"关联的执法决定。另两种情况是"可能有"和"可能是"（这两种状态既是确定也是不确定的，确定是指"可能"状态是确定的，可参考第四章内容理解），都可以具有执法意义，有时据其中之一即可以作出与其相关联的执法决定。

与"有"相对的是"没有"，与"是"相对的是"不是"，对"没有"和"不是"从相反的角度理解也可以说是"有"和"是"。"没有某个事实"可以有两种含义，即"没有事实"或"没有这个事实，但有那个事实"，从"有"的角度理解就是，"有没有事实的事实"或"有那个事实"，当法律对这两类事实有明确的法律后果规定时，应当作出相关联的执法决定，当法律对这两类事实没有明确的法律后果规定，只有与"有这个事实"相关联的法律后果规定时，要根据情况作出执法决定。

"不是某种事实"可以理解为"不是这种事实，但是那种事实",当法律对"是那种事实"有明确的法律后果的规定时,应当作出相关联的执法决定。当法律对"是那种事实"没有明确的法律后果的规定,或者并不要求对"不是这种事实"进行法律上的归类判断,只有与"是这种事实"相关联的法律后果规定时,也要根据情况作出执法决定。

这是从正向分析正在形成的执法决定原意,当解释既成执法决定时,以执法决定为中心是反向解释,即解释执法决定已经蕴含的"有"与"是"。从实际执法中解释既成执法决定遵循决定原意准则角度说,解释内容应当与执法决定及其形成过程中的"有"与"是"判断相一致,对从"有"与"是"原意作出的执法决定不能解释为"没有"与"不是"等,否则就会出现解释错误。

通过第二章的讨论可知,解释行政执法决定可以分两部分,一部分是解释决定本身,即法效果,另一部分是解释决定构成要件要素。对于决定本身的解释在"有"这个原意上,只能作出"有"或者"没有"这样一种解释,不能作出"可能有"的解释,执法组织是否作出了特定决定是绝对确定的,执法组织对事实的解释也应当是绝对确定的,一旦作出"可能有"的解释即为解释错误。在"有"的前提下,解释"是",主要是决定的性质、种类、程度、对象等,是授益还是负担,是哪种授益,哪种负担,数量、时限、范围等都很确定。解释决定本身比较简单,保持与决定存在状态和形成考虑相一致即可。解释决定构成要件要素比较复杂,以执法程序中的案件初核为例说明构成执法决定要件要素在执法中的原意及其解释,并进一步深化对上述"有"与"是"原意的认识。

任何案件都是从启动到决定的过程,在法律上将这个过程称为执法程序。不是说必须具有"立案"或"受理"环节并进而形成决定的案件才是行政执法上的案件,才有执法程序,"不予立案"或"不予受理"作为执法决定,其形成过程也是一种执法程序,整个处理的事件也是一个行政执法上的案件。当执法组织主动发现可能承载执法根据的案件线索(来源)并予以登记,或者相对人、相关人及其他人员提供了可能承载执法根据的案件线索(还有其他来源)并由执法组织予以登记时起,行政执法程序就启动了。

案件登记是一个纯粹的事务性工作,它要达到的要求是,在记录形式上符合规范,在记录内容上与案件线索一致,这里面不应当有执法组织任何意思意志的成分,不应对案件线索作任何判断,即有案件线索就予以照录。登记之后的初核进入执法组织处理阶段,从这个环节开始具有执法组织"原意"。

如上所述,对于案件线索,执法组织有"有"和"是"两种原意,可细分为六种原意,即"有""没有"或者"可能有","是""不是"或者"可能是",这六种原意的判断在具体的案件线索判断中是一种混合判断。

对案件线索判断的目的是寻找行政执法案由,即需由行政执法组织予以处理的事实根据。经过执法组织初核,当对案件线索判断为"没有"事实时,会形成一个执法决定,即不予处理(具体表述依法律规定,诸如不予立案、不予受理等)。如果从"有"的角度理解,即为"有没有事实的事实",后面这个事实即是不予处理决定案件的案由，所有的案由都是"有"和"是"的概念，而不是"没有"或者"不是"的概念，这也是将"没有"和"不是"转化为"有"和"是"的原因之一（"有"与"没有"，"是"与"不是"在案件中的转化结合前面几段讨论进行，以此类推，下不赘述）。

不予处理并不像处罚决定、许可决定那样明显地让相对人负担或者获益，为什么是执法决定呢？因为行政执法学上判断是否为决定与行政法学不同，它是以职责职权实际履行为标准的（见上一本书相关讨论），这个"不予处理"既是履行了职责职权，也是表明不履行一定职责职权，前者是说作出"不予处理"决定本身就是"处理"，就是在履行职权，后者是说"不再进一步处理"，比如进入立案或者受理程序（这两点是判定执法组织"作为"与"不作为"的关键点）。不予处理是一个执法决定，而任何一个执法决定都不是孤立存在的，都一定是一个执法案件中的决定，是案件就要有案由，没有案由就不可能有案件和执法决定。

在不能对案件线索作"没有"事实判断的情况下，就要作出"有"事实或"可能有"事实的判断，此时不能直接作出执法决定，要进入"是"的判断之后才能作出执法决定。对"有"和"可能有"的事实在"是"的判断上也有三种情况，即"是""可能是""不是"。这步判断的关键是判断该事实或可能存在的事实是否具有法律意义，即是否是法律事实。

当判断为"不是"时，会形成一个执法决定，即不予处理。

当判断为"是"或者"可能是"时，需继续判断该法律事实具有哪种法律意义,是具有行政法意义还是刑法意义或者民法意义,即这种法律事实是行政执法根据还是刑事执法根据或者民事执法根据。

当仅根据案件线索即可判断为民事执法根据时(这种案件线索通常附带证据),会形成一个执法决定,即不予处理(是否告知当事人其他处理方式依法律规定,一般应当告知);当仅根据案件线索即可判断为刑事执法根据时,也会形成一个执法决定,即移送司法机关(线索移送,这一步还要考虑司法管辖);当仅根据案件线索即可判断为行政执法根据时不能直接作出执法决定,还要进行下一步关于"是"的判断,即该执法根据是否为本执法组织处理范围(执法管辖),在判断为"不是"后,要继续判断是哪一行政执法组织处理,并依此作出一个移送其他行政执法机关的执法决定(线索移送),当判断为"是"或"可能是"后,应当形成一个予以处理的决定,如一个立案决定(依职权)或一个受理决定(依申请);当仅根据案件线索无法判断是民事、刑事、行政哪种执法根据且不排除为行政执法根据时,也应当形成一个予以处理的决定,对其中"有没有"与"是不是"的问题通过继续处理查清。至此,初核结束。上述每一个执法决定作出后,都意味着初核结束。

上面初核程序中执法组织"原意"的分析,仅是围绕执法根据这一要素的分析,实际上在初核程序中,以初核决定为核心还存在执法组织对其他执法要素的"原意"。当执法组织开始初核,就隐藏着一个"原意",即对执法要素中的组织要素已经进行了"是"与"不是"的判断,只有该组织及其人员认为该组织是行政执法组织时，才会对案件线索进行初核。

在初核过程中对执法根据"是"的判断上，隐藏着对所对照执法依据"有"和"是"的判断，只有执法依据"有"且"是"，才可能对执法根据的"是"作出判断。

有效的案件线索通常是附带执法证据的，或者案件线索本身就是或者能够转化为执法证据，这就又涉及执法证据"有"与"是"的判断。

对案件线索"有"与"是"的判断结束后要形成一个执法决定，这又涉及执法依据、根据、证据和决定之间的逻辑关系判断，即执法理由"有"与"是"的判断。

可见，仅在案件初核阶段就涉及各种执法要素及其关系"有"与"是"的各种判断。这些判断即为现实中执法决定形成过程中的"原意"，当从正向建构执法决定角度（理解）去解释执法决定，或者从反向重述执法决定角度（说明）去解释执法决定时，应当与这些"有"与"是"的原意相符，即遵循决定原意。

上面关于执法决定原意的分析为了表述方便作了大量简化，实际上执法原意要比这些表述复杂。对于一个完整的行政法学上（而非行政执法学上）的案件，其中的原意更是复杂、繁多和混合。仅就上面的案件线索初核来说，在行政法学意义上的案件程序里并不起眼（但却是重要的），在执法文书中不过是一张立案审批表或者受理审批表中的一少部分内容，就有那么多原意，更何况一个完整的行政法学上的案件了。也许在实际执法办案中对于执法原意的判定是瞬间完成的，但是必须理性化分析这个过程，以正确办理执法案件，应对多种多样的解释要求和解释环境。

第二节　具有材料支撑

中国有句成语叫作"空口无凭"，没有真凭实据的话很难让人相信。行政执法解释作为理解和说明，也需要真凭实据才能让人信服，不能空口白话，这种解释需要作为解释准则称为"具有材料支撑"。执法决定是表达出来的要求实现的执法组织意思意志，作为一种主张，必须从事实出发，这里的事实并非是指执法要素中的事实根据，而是事实的存在形式，一切包含执法案件信息的材料，包括含有执法组织、依据、根据、决定和理由等各种执法要素和关系信息的材料，而证据本身就是材料。在行政执法解释中使用的材料很多，本节仅择其要者简论之。所谓要者是指在解释行政执法时必须使用或者考虑的材料。

第一题　什么是行政执法材料

行政执法材料，即行政执法信息和承载该信息的载体总和，两者是内容与形式的关系。在使用上，行政执法材料更侧重于载体的意义，是一种可承载信息的物质，但载体离不开所承载的信息，如果一个载体没有承载行政执法信息也就无所谓行政执法材料。对于一个载体是不是行政执法材料并不在于对载体的判断上，而在于承载的是否是行政执法信息。在执法实践中，执法材料各种各样，法律汇编、照片、笔录、案卷等。行政执法决定材料，即决定信息本身和承载该决定信息载体的总和，解释决定，必须以决定材料为基本出发点。

执法材料与证据材料在一定意义上同义，这种意义是指跳出执法活动看执法，在监督、指导和管理行政执法的视域里，视域里的执法案件就是经常讨论的广义上的案件，这种意义上的每一案件均有组织、依据、根据、证据、决定要素和理由关系，这里的证据包括证明组织、依据、根据、决定要素和理由关系的各种材料（就像决定这个要素也可以在其他要素和关系中形成一样），当一个案件进入监督、指导和管理程序中，这些材料既是证据也是执法材料，两者同一。这是因为证据的定义是用于证明案件事实的材料，基于监督、指导和管理全面审查的原则，被监督的执法案件的各要素和关系都是案件事实，证明这些案件事实的材料即是证明执法各要素各关系的材料。

同时，在狭义案件的意义上，在执法活动中看执法，即执法组织办案的意义上，执法材料与证据不同，前者包含后者，这里的证据仅指证明执法相对人法律行为构成要件要素事实的材料，只有这部分事实才是案件事实。可见，执法材料与证据的关系在监督、指导和管理程序中与在行政执法程序中是不同的。综上，执法材料与证据同一或者包含证据。

第二题 要素材料、关系材料和相关材料

以执法要素和关系区分执法材料，可以分为组织权限材料、法律依据材料、事实根据材料（同时也是证据）、合法决定材

料，这些材料汇总到一起形成执法理由材料。此外，还有与执法要素和关系以及执法活动其他方面相关的材料。

除了证据在行政诉讼法和有关司法解释中作了较为系统的规定外，其他材料鲜见系统规定。比如组织权限材料，说明某一组织是执法组织，具有什么样的执法职权，需要哪些材料，哪些材料是必要的，哪些材料是充分的，这些不明确，很容易使执法组织及其执法人员含混自己的职权职责。比如法律依据材料，在现实的执法中多在执法文书列明特定法律名称和第几条、第几款，有的引用条文内容，是否在条件允许的情况下为当事人提供执行的法典全文，当简洁地指出执行条款时，显然是把法律作为一种众所周知的事实，但实际上未必是。对于普通当事人，其未必知道执行条款，去寻找法定标准文本（法定标准文本这个概念对于普通人来说恐怕都不清楚）也并不是一件非常容易的事情，而且哪些法律现行有效，哪些法律已经废改立释对于非专业人士来说理解起来也不太容易。有的时候现行有效的法律标准文本连执法人员查找起来都很困难，是否能够依托现代计算机和互联网信息技术提供一个执法者和当事人都容易查找的现行有效的电子法律标准文本库呢？这是执法基础设施。

仅是执行法律不提供文本还不是特别大的问题，现实中执法在执行法律时多伴有行政规定的执行，有时执法组织甚至以行政规定不公开或者涉密为由，不提供给当事人相关行政文件材料，这样做怎么能有力地解释执法决定呢？执法材料是执法活动的基础。

第三题　从是否在解释时必须使用的角度理解上述分类材料

以执法解释是否必须使用为标准,可以将执法材料分为权威材料和非权威材料。凡是理解和说明行政执法必须使用的材料都是权威材料,这些材料是指上述关于执法要素和关系规定的材料。非权威材料是指那些不是必须使用,但可以辅助解释,增强解释说服力效果的材料,这些材料是指上述与执法要素和关系以及执法活动其他方面相关的材料。

行政执法作为从规范到事实的活动,权威材料第一层次自然是承载行政法律规范的法律文本(广义的行政执法法律依据),即承载行政执法各实体要件要素和程序要件规定的文本。无论从建构意义上还是在重述意义上,法律文本都是第一层次的权威材料,在进行行政执法解释时必须使用。

第二层次的权威材料是承载行政执法各实体要件要素和程序要件规定的行政文件。无论是建构还是重述执法决定,凡是对特定执法要件要素和程序作出规定的行政文件均应在排除冲突、分清效力等次的前提下予以使用。有些行政文件并非以执法角度作出规定,但涉及执法要件要素内容,需要加以甄别。

第三层次的权威材料是执法决定文本及承载该决定构成要件要素信息的材料。在建构决定的过程中,所有决定的构成要件要素均需有材料支撑,决定本身也最终要形成文本。执法决定虽然依法有口头、行动和信号等表现形式,不一定非有决定书,但任何执法决定最终都应当形成决定文本。在重述的意义上，对已经作出的决定进行解释时，显然不能脱离决定文本，在决定文本不能充分说明决定时，需要以案卷作为支撑，即承载决定构成要件要素信息的材料。

非权威材料不承载执法要素和程序要件信息，但与执法要素和程序要件有关，或者与执法活动的其他方面相关联，使用该材料可以增强解释效果。这里的"使用"在建构执法决定时是"予以考虑"的意思，但不属于法律依据等执法要件要素，在重述执法决定时是"引用说明"的含义。

第一类是执法安排性文件，包括各种决定、通知、计划、方案等，主要是行政文件。这类文件的内容主要是执法制度、政策、要求、组织等。这些文件虽然不规定要件要素，但是对有些问题的解释如果使用这些文件会有特别强的解释效果。比如面对"选择性执法"的质疑，使用执法计划文件予以解释就能说明一定的问题。在执法过程中面对请托人情时，使用严格执法要求的文件和违法执法、干预执法法律责任等文件也具有说服力。

第二类是对执法要素和程序要件进行解释的司法文件，相同内容的立法文件和行政文件不属于非权威材料，分别属于权威材料中的第一层次和第二层次材料。司法机关不能设定执法要件要素，但是为了审判需要，可以依法对立法文件和行政文件已经设定和规定的执法要件要素进行解释，尽管这类解释仅在审判过程而非执法过程适用，但在实际上对执法具有实质影响力。在对相关问题进行解释时，使用司法文件也具有强说服力，因为对这种解释不服最终解决的渠道是行政诉讼，在行政诉讼中司法解释文件对法院审判具有约束力。

第三类是以前的执法决定书和司法判决书（非判例，更非判例法）。对当下执法决定的解释使用既往相似执法决定书和司法判决书具有说服力，特别是对"执法不公"质疑的解释。这里的决定书一般应为拟作出当下决定的执法组织以前的决定书，或者其上级执法组织的决定书。司法判决书主要是行政判决书，以终审判决书为准。援引既往决定书或者司法判决书是一个类比过程，通过相似性可以解释为什么作出当下决定，也可以通过不相似性来解释为什么作出当下决定，这要看实际的解释需要。相似或者不相似主要指的是具有相似或者不相似的执法事实根据，即需执法组织依执法依据所认定的执法相对人和相对物的事实状态，是现实存在的事实之间的相似性而非规范上构成要件要素意义上的相似性，在规范构成要件要素即执法依据上，两相比较的案件应当相同而非相似，这也是能够对当下决定和以往决定进行比较的前提。当执法根据相似时应当作出相似决定，否则应当作出不相似决定。

第四类是其他非权威材料。参照张志铭老师在《法律解释学》中针对制定法解释所归纳的非权威材料种类，大致包括：词典、语法书和专门术语的解释文本，这类材料对执法语词的一般含义和特别含义具有解释意义；关于社会秩序状况的材料，这类材料对于执法轻重、频次等执法适度性问题具有解释意义；关于社会事实的材料，这类材料有的是证明执法根据的材料，有的不是，但属于与之相关的材料，因此对于相关问题的解释具有意义；关于共同生活经验的事实和格言，这类材料当与执法决定在某些性质上相同或者相似时，考虑或者引用（对已成决定）能够增强决定解释的说服力，相反亦然；执法依据所指向对象所固有的规范或目的性质，这类材料与法律目的紧密联系，由于法律规范通常在对事物进行规定时是从一定角度抽取其某一性质（法律目的），当执法依据所指向事物的性质并非其自身的主要性质时，作出不予处理或者其他处理决定，对这种决定解释考虑或引用这类材料会有说服力，当执法依据指向对象所固有的规范或目的性质与纳入执法依据规定的事物性质相同时，由此作出执法决定引用该材料具有强说服力；当事人的解释材料，这种材料可以作为一种执法证据，在解释决定时显然应当考虑或者引用说明；等等。

第四题　不得使用和考虑的材料

与法律规定相冲突的材料。违反法律规定的材料在执法解释时不得使用，比如法律文本规定了某一执法决定须有某一程序要件，而某地行政文件规定不需要这一程序要件即可作出决定，则这个行政文件在执法决定建构或者重述时不得使用。法律文本规定了某一执法决定须有某一实体要件要素，该要件要素与某地某种风俗习惯等相矛盾，在建构和重述执法决定时，这种风俗习惯材料也不得考虑使用。执法解释材料与法律文本之间并非如作为执法依据的行政规定与法律规定之间必须是"有根据"的关系，执法解释材料不一定非在法律文本所规定的解释材料的范围之内，凡是有助于执法决定建构或者重述的材料均可使用，但是违法的材料不在使用和考虑之列。

当事人无法知晓的材料。张志铭老师在《法律解释学》里谈到一些国家不得使用的法律解释材料时说道，"在这里还存在一种普遍而强有力的观点，即公民不应该被他们无法顺利发现的'法律'所约束"。这种材料可以分为两类，一种是因为年龄或者智力等原因致使当事人无法理解，相关材料在行政执法解释中不得被使用；另一种是当事人通过一般方法无法取得的材料，除非执法组织无偿提供，否则这种材料不得用于对当事人的解释。

未经证实的材料不得考虑和使用。

第五题　执法材料的提供与取得

执法组织材料、执法依据材料属于行政执法基础设施，没有这些材料作为国家活动的执法活动就无法开展，因此应当由国家无偿提供给执法组织和执法相对人（而不是印制成单行本或者汇编出售），在提供的方式上应当是便捷的，在证实的环节上应该是简单的，在说明的内容上应当是容易识别的。

证据以及不需要证据证明的事实根据材料的提供与取得依照法律规定，在法律没有规定时，可参考第四章第三节第四题以证据方法确定案件要件事实的讨论。

对于执法决定材料，当法律或者行政规定要求书面作出决定时，执法组织有义务向执法相对人提供书面决定，执法相对人有权利从作出执法决定的执法组织处取得。法律有规定时，执法相关人或其他社会公众亦可从执法组织处取得书面执法决定。执法材料的提供和取得存在"交付"与"签收"等环节。

第三节　坚持执法话语

上一节谈论具有材料支撑这一解释准则时，侧重的是行政执法解释的静态方面，以动态的视角看待行政执法，会发现行政执法及其解释的过程是一种交往和商谈的过程，是一个建立和实现执法话语的过程，这一角度的解释准则概括为坚持执法话语。

第一题　行政执法是一种交往商谈

行政执法是社会交往的产物，其本身也是一种社会交往活动。正如在上一本书中分析社会技术作为行政执法的根本形式特征时所讨论的行政执法的主体际性那样，现代行政执法显然是以执法组织或执法人员为一方的各种社会主体交互的过程，这个交互的过程就是一个交往与商谈的过程，即使在执法组织相对方为物的情况下，执法组织内部形成对该物的决定也离不开内部成员的交往与商谈，在执法组织相对方为相对人时，这种交往与商谈的特征就更加明显了。

交往商谈能够成为行政执法的一个显著特征当然是民主法治进步的一个成果，是对行政权力独断专行的否定和抛弃，这种独断专行并不仅仅是论者经常指的行政机关对社会的独断专行，也包括以往行政机关内部集中于一个人或者少数人的独断专行，随着民主法治的进步，以交往商谈为形式的行政内部民主也在不断增加。比如现在所要求的重大行政决策必须实行公众参与、专家论证、风险评估、合法性审查、集体讨论决定，比如在一般程序执法案件处理上，多是要召开相关人员参加的案件讨论会议并形成会议记录，而不是执法组织负责人独断。本书并不想再去讨论民主法治进步对于行政交往商谈的意义，学者已多有论及，这里想讨论的依然是从现代行政执法本身去研究其中存在的交往商谈的合理性。这就要从上一本书中所揭示的行政执法本质属性分析。

行政执法的第一性是法律性，其他三个本质属性是行政性、社会性和具体性，在形式上具有技术性特征。在这里，着重从行政执法的法律性和行政性来分析行政执法中的交往商谈问题。

先说法律性。法律是什么，以实证法学回答就是一套规则体系，再以自然法学加强这套规则体系就变成，法律是一套以理性（自然理性与人的理性）为内核的规则体系，这套规则体系的形成和运行均需借助理性，通过与道德规则的比较来理解这个问题。

作为法律的规则体系与作为道德的规则体系在形成过程上，法律规则体系直接与人的理性有关，道德规则体系直接与人的感性有关，尽管它们都源于人的经验，但是其形成过程对人的不同侧面所吸纳的成分是不同的，法律规则所吸纳的是人的理智成分，而道德规则所吸纳的是人的情感成分。在执行过程上，法律规则以执法者与执法者、执法者与相对人之间共有的理智成分为桥梁，通过说理来实现法律。道德规则以人们之间共有的情感成分为桥梁，通过感化来实现道德。

将法律性确定为现代行政执法的第一性时，意味着在执法过程中实现法律优先采用的方式是说服（理），这种说服的过程即为交往商谈，包括执法组织内部执法人员之间以及执法组织与相对人之间。没有交往商谈就不可能产生说服的效果，也就不能体现行政执法的法律性，则这种活动不是行政执法。

再说行政性。行政是什么？依威尔逊和古德诺的观点，行政是国家意志的执行，而国家意志是由政治表达的。因此，行政也就是政治的执行。政治意志就是国家意志，其是一个国家政治力量相互平衡的结果。国家意志是抽象的，如果不由政治具体地表达出来它就没有存在形式，也就不存在，而政治表达出来的只能是自己的意志即政治意志，只是由于政治占据了政权，政治意志就被作为政权所建立的国家的意志，这样的政治意志称为政治国家意志。行政用于执行国家意志就是用于执行政治意志，政治意志与国家意志是统一的（与论述政治和行政分离的角度不同）。

政治意志在现代主要的表达方式是制定法律（基础、长远、重要、可抽象和相对恒定的那部分），此时的法律规则就成为政治国家意志的组成部分并因此具有所谓的国家强制力（政权强制力），法律具有强制力是因为其与政治的结合，而非自有。政治国家制定法律并非仅仅是为了表达政治国家的意志，它的目的是实现其意志，表达意志只是实现意志的前提，没有表达这个前提就没有实现这个后果。政治国家要求行政执行其意志，要求行政去执行作为政治国家意志表达方式的法律，这个过程即是行政执法。

显然，执行法律并不总是平和的，要保证政治国家意志完全彻底地实现，就必须赋予执行该意志的行政以强制力。也就是说，行政要实现作为政治国家意志形式的法律，必须以强制力作为最后的手段，也因此，政治国家的法律才在整体上表现出（仅仅是表现出）一种制裁性质（且仅在法律实施层面），当然这种强制力和制裁性是最后性的。

必须分清的是，法律作为一套理性规则只是规则，它本身不可能有什么强制力或制裁性，它作为政治国家意志的表达方式，其强制力和制裁性来自政治国家而不是本身，即政治国家（奥斯汀谓主权者）才是法律所表现出的强制力和制裁性的主体，政治国家通过法律规定将强制力授予行政这个实体。也就是说，法律并无真正意义上的强制力和制裁性，强制力和制裁性属于国家及其行政实体。行政这个实体在行使政治国家赋予其的强制力手段时，所表现出的是一种压服效果，而非如上所述法律规则的说服效果。

现代行政虽然也讲参与行政、协商行政、民主行政等，但是，无论行政机关还是相对人心里都清楚，符合政治意志的行政效果必须实现，因为它后面是政治国家意志。当然，从世界范围看，也有行政强制力无法压服的情况，这个时候的妥协或者斗争在实质上已经不再是一种行政活动，而是政治活动，因为此时是在拟定调整利益而不是实现利益调整。

以行政执法行政性来讲，行政执法保有这种基于行政强制力的压服手段，但以说服为前提和必要，因为在行政执法中法律性是第一性的，行政性是第二性的。只有压服没有说服不是行政执法，先压服后说服也不是行政执法。结合上面关于法律规则实现的说服方式的讨论，交往商谈成为行政执法之必要。

现代行政执法交往商谈不仅仅存在于执法组织与相对人等执法参与人之间，行政执法组织内部决定的形成如在第二章第二节解释主体中所讨论的那样，也是一个执法组织成员交往商谈的过程，现代行政已经不允许绝对意义上的行政内部独断。同时，执法组织决定形成是以其要件要素存在为前提的，这些要件要素从纸上的规定变成现实的存在都是执法组织内部以及执法组织与社会交互的结果，这种交互行为即是执法组织与社会交往商谈的过程。

第二题　商谈增强行政执法解释的正当性

执法决定的正当性越强，则决定的执行就越顺利，执法的效果也就越好。行政执法的正当性主要源于法律，这一点在上一本书中已经讨论过。这里要讨论的是执法正当性的次要来源——行政执法商谈。

在立法和法适用的正当性问题上，与德沃金"整体性原则"不同，哈贝马斯认为正当性是一个社会构造性规范，这种规范的产生依赖于立法上的有效性商谈和法适用上的应用性商谈，有学者将两者的观点概括为"真理符合论"与"真理合意论"。

关于法律的正当性问题主要是一个立法问题而不是一个执

法问题，在执法上，依上一本书的讨论，凡是具有合法形式的规范均为正当、有效的规范。至于这种规范中的法律规则是否适当以及不适当时是否能在此之外创设其他规则来解决现实的案件，在司法领域可能有讨论的必要和空间，在执法领域基于执法规范——事实的特征，执法的执行性质、普遍性执法和高绩效性的要求，法律规则的适当性问题无法讨论。至于执法规范冲突引起的某一特定法律规则是否适当的问题以及对此的处理不属此列。

在执法规范中的法律是事实性还是建构性的，以及以法律原则还是以法律规则作为执法依据的问题上，需要如德沃金所认为的那样，将法律作为既定承载价值的事实，而不能像哈贝马斯所认为的那样，在处理具体执法案件时再去建构解决案件的规范（也许在司法领域特别是民事司法领域是可行的），同时，在行政执法上，不能如德沃金和哈贝马斯所认为的那样依靠法律原则解决现实问题（也许在司法领域特别是民事司法领域是可行的），而应当以法律规则作为执法依据，否则将造成极大的不确定性，严重损害执法的绩效和简明原则，违背行政法"控权"本质，甚至可能造成严重而广泛的执法权滥用。在行政执法上，法律原则和法律规则都能对案件起作用，但法律原则宜通过法律规则对案件起作用，不宜直接对案件起作用。作为执法依据的规范，应如实证法学所认为的那样，它是一个已经存在的事实上确定的具有等级特征的法律规则（而非原则）统一体。

德沃金和哈贝马斯的理论对行政执法都具有启发意义，这里着重讨论哈贝马斯的应用性商谈对提升行政执法正当性的启发。哈贝马斯关于法律的商谈理论是建立在从法律原则而不是从法律规则上认识法律的，并认为法律原则的正当性无论在立法还是法适用上都是通过商谈进行建构的过程。上面区别了这其中在行政执法上的不同，也就是说哈贝马斯的商谈理论并不完全适用于行政执法。但是，哈贝马斯的应用性商谈理论仍然对行政执法具有借鉴意义，这是因为执法规范虽然不是建构性的，但执法决定却是建构性的（参考第一章第二节），按照纯粹法学的观点，执法决定也属于规范，是"个别规范"。

对于建构性的行政执法，商谈显然能够增强其正当性，这其中存在一个简单而普遍的逻辑。也就是，一般而言，执法组织主要负责人独断决定的正当性低于执法组织负责人集体讨论决定的正当性，执法组织负责人集体讨论决定的正当性低于吸纳案件承办人、审核人共同讨论决定的正当性，执法组织独断决定的正当性低于吸纳执法相对人参与决定的正当性，执法组织与相对人共同参与决定的正当性低于吸纳其他执法参与人参与决定的正当性，以上诸种情况的正当性低于以上所有人员对决定达成共识的正当性。这些正当性的形成以具有行政执法依据和根据为前提。

当人们对行政执法的正当性要求越来越高时，仅仅依靠具有法律依据来为行政执法提供正当性是不够的，将与行政执法有关的人员在特定执法案件中吸纳进来进行商谈以弥补正当性之不足是必要的，有些时候，这种商谈还必须形成一定范围内的共识才能形成执法决定，这就像在第一章讨论立法过程中需要"共识"一样。当前，作为行政执法内容标准的法律，广泛地规定了行政执法商谈，如执法决定的集体讨论、当事人的陈述申辩、执法听证等。在形成共识才能作出执法决定中，如依申请行政执法决定中的准予申请事项决定的作出，须以申请行为为要件，该申请行为是申请人同意执法组织作出准予申请事项决定的意思表示，执法组织作出准予申请事项决定时，即意味着执法组织与执法相对人（申请人）达成共识。

第三题 行政执法的话语与言说

每一行政执法的交往商谈都不是漫无目的的，而是围绕执法要件要素开展的，无论是执法组织内部的交往商谈还是执法组织与相对人及其他执法参与人之间的交往商谈莫不如此。在行政执法商谈的内容和目的上，并不是如哈贝马斯所说的为了建构解决问题的规范进而解决问题，而是对既有执法规范所规定的执法要件要素在现实案件的执法商谈人员间予以确认，是用已有规范解决既存问题。这种确认在每一要件要素上，其核心问题均是第一节所讨论的要件要素"有"和"是"的问题，以及第二节所讨论的支持这些"有"和"是"的材料问题。

行政执法商谈确认执法要件要素的过程是需要由执法组织和执法办案人员主导的，这是依法执法、绩效执法原则决定的，要作出一个执法决定必须满足执法依据要件，要满足执法依据要件就必须主导执法过程。这种主导并非是对执法决定内容的主导，而是对执法进程的主导。主导执法进程不是为了形成某一确定内容的执法决定，而是通过对决定构成要件要素的逐一确认来形成决定,即目的是使执法进程向决定迈进,而不是走向其他地方。同时,主导执法进程是为了形成决定而不是确定决定内容,决定内容是需要根据所主导的执法过程中对每一要件要素确认的结果形成的。在主导执法商谈的过程中,需要形成执法话语,没有执法话语,主导行政执法进程将无法完成。

话语作为一个常用词,正如有的学者所指出的那样,指的是人们所说和所写的话的总称,言语、语篇、文本、篇章、谈话、讲话、演讲、语词、文辞、文章、书籍等都是话语的不同表现形式。话语是语言表达形式和意义的统一,即"说了什么"和"意味着什么"的统一。话语作为研究对象,其意义比较复杂,对其的研究形成了一门科学,即"话语研究",行政执法与话语交叉形成的行政执法话语问题是重要的行政执法问题。

陈岳芬老师在《深刻理解"话语研究"——梵·迪克〈话语研究——多学科导论〉解读》一文中介绍说,费斯克认为,就话语最不易引起争议的意义而言,这个术语用于指称比句子更重要的动词性言说,是制造与再造意义的社会化过程。话语分析开创者之一梵·迪克认为应当列出话语的主要属性以求得话语的准确定义,陈岳芬老师将梵·迪克主编的《话语研究——多学科导论》中所言话语的主要属性归纳为,作为社会互动的话语,作为认知活动的话语和作为权力和宰制的话语。施旭摘译梵·迪克《Social cognition, social power and social discourse》一文而成的《社会认知、社会权势和社会话语》更具体地揭示了话语与认知和权势的关系。为便于理解,本书将话语定义为在社会互动中与社会认知和权势有关的具有特定意义的言说，将行政执法话语定义为执法交往商谈中与执法认知和执法权实现有关的具有执法意义的言说。

行政执法话语在宏观意义上实际上是对包含执法思维、性质、原则、价值、目的、要求等在内的上层一体性观念的浓缩和展现，通过执法话语将这些观念实现，通过执法话语将这些观念转变为执法组织、执法人员、执法相对人、执法参与人乃至全社会的观念，这种意义上的话语如"有法可依、有法必依、执法必严、违法必究"，如"严格规范公正文明执法"等。观念变现是体现于具体执法活动中的，不将这种宏观话语观念落实到具体的执法办案的实际行动中，再多的宏观话语要求都是空的。遵循行政执法解释的一体性（第二章第三节第六题），仍从最具体的行政执法活动即实践意义上的行政执法案件角度讨论微观上的行政执法话语问题。

行政执法话语权。行政执法话语权是制度性话语权，在行政执法中，凡是法律规定能产生一定利己法律效果的话语表达权这种行政法权利（力）的人均在符合条件的情况下具有话语权。这种条件是指身处于与行政执法有关的程序关系之中以及程序关系到达某一特定进程时。如执法组织在启动执法以后，在特定案件中即取得话语权，可以依法作出各种执法决定。如执法相对人的陈述申辩权作为行政执法话语权，是在该当事人处于某种执法程序且行进到某一阶段时所具有的话语表达权。同时，这种条件是客观的，意味着并非是特定主体赋予另一主体话语权而是由法律规定的，在执法程序中，执法相对人的话语权不因执法组织赋予而获得,在监督程序中,执法组织的话语权不因监督者赋予而获得。

行政执法中的话语未必都是一种权利,反而也可以是一种义务,如我国《行政处罚法》规定,行政机关在调查或者进行检查时,当事人或者有关人员应当如实回答询问。如实回答这种话语即是一种法律义务,回答是一种义务,如实也是一种义务。类似规定在很多依职权执法规范中都存在。

行政执法中的话语可以同时既是权利也是义务。如我国《行政许可法》规定,申请人申请行政许可,应当如实向行政机关提交有关材料和反映真实情况。申请许可话语是申请人的一种话语权,同时,如实提交材料是申请人的话语义务。提交申请材料是申请行为,代表着申请人的申请意思,申请材料的内容是申请人的申请许可话语,此处申请人、申请材料、申请行为、申请意思、申请话语统一,以申请话语指代,则申请人的申请话语按照法律规定既是一种权利也是一种义务。类似规定在很多依申请执法规范中都存在。

行政执法话语的"先有先见先知"。"先有先见先知"是对海德格尔所指出的理解的三个先决条件(前理解)的概括,这里用于分析执法话语的三个先决条件。行政执法话语中的先有对执法组织和执法人员而言,主要是指其在进行特定话语之前已经被执法规范(属海德格尔谓历史文化之一部分)占有,执法规范对执法组织和执法人员话语构成限制。对执法相对人而言主要是指其在进行特定话语之前已被之前与之有关的事实占有(违法事实、具备申请条件的事实等),该事实对执法相对人话语构成限制。当然，海德格尔所说的更宏观意义上的历史文化无疑对执法人员和执法相对人的话语也构成限制。

行政执法话语中的先见类似海德格尔所言，主要是指执法人员和执法相对人在进行特定对话之前所具有的观念和所使用的语言，对执法人员而言主要是执法经验，对执法相对人而言主要是生活经验，这种观念和语言显然对特定执法话语构成限制。执法语言运用问题涉及下文行政执法话语的言说。

行政执法话语中的先知对执法组织和执法人员而言是指进行特定话语之前其已经知悉的现实存在的执法要素和关系或者与之有关的线索，这些要素、关系、线索既是话头也是话题（见下文）。对执法相对人而言执法话语的先知是指其已知悉自己处于执法程序之中，其话语将产生法律效果。

行政执法话语语境。执法话语语境的营造主体是执法组织和执法人员，即使在依申请行政执法中亦是如此。执法语境营造的关键在于执法"标识"，这种标识可以是明确的话语，如执法人员对执法相对人或其他执法参与人宣称"正在进行执法调查，请你配合"，这种明确话语宣示是营造执法话语语境最佳、最准确的方式。执法标识也可以是执法证件、执法制式服装、悬挂名称标牌的执法办公场所（办事大厅、执法岗亭等）、车辆、装备等各种执法"装置"。执法话语语境必须通达于执法相对人及其他执法参与人，使执法互动多方或者双方处于一个"制式"环境，使各方都认识到这是一个"正式程序"场合。执法话语语境营造非常重要，只有在这种语境下的话语才能被称为执法话语，产生执法效果。

行政执法话语话题。对于特定执法案件来说，执法话语话题就是该案件各个构成要件要素，每一要件要素都可以构成话题，每一要件要素的细分要素也可以构成话题，话题数量和层次的多少要看案件的复杂程度。对执法组织而言，就是围绕决定要素通过执法话语话题在案件中确定各个决定构成实体要件要素和程序要件，是一个从"有"到"是"的过程。对于执法相对人而言则主要是围绕其法律行为构成要件要素而形成的各个话题，即执法组织角度的执法根据要素，当然，执法相对人对执法根据以外的执法组织、依据、证据、决定要素以及理由等程序要件有疑问时亦可形成话题。脱离执法要件要素确定执法话语话题是不符合依法执法和绩效执法原则的。

行政执法话语的控制。为了不偏离话题，执法话语需要由执法人员予以控制。执法话语的基本形式是问答式，依职权执法由执法人员首先发问，依申请执法由申请人首先发问。无论依职权还是依申请执法，首先，执法人员应当按照执法话语话题进行发问和对话，至于话题次序依法律规定、案件需要和话语策略确定。其次，在执法相对人及其他执法参与人偏离话题时，执法人员应当提醒引导，告知话语要点，即执法话语话题，即执法要件要素。在话语控制方法上，下面摘引几段梵·迪克的话作为启示，这种启示是在批判基础上的借鉴，对其中不符合文明执法等执法要求的内容要予以摒弃或化用。

"交往中话语的控制。说话人的直接权势可以被说话的双方在心理上用交流模型表示出来。这种心理表象的结果表现在具体的言语行为中，如用命令或类似的指令（而不用礼貌的要求）；更一般地说，结果是没有表示礼貌，尊敬或团结的标志。在会话交往中，说话者的权势可以通过对轮番说话的控制表现出来，比如，偏向于选择自己为说话者，打断别人的话，以及使用更微妙的语调、高音、流利度、果断程度等标志（Scherer 和 Giles, 1979）。研究结果表明男性往往以这种方式控制他们与妇女的谈话（Thorne, Kramarae 和 Henley, 1983）。这些可观察的权势信号通过控制会话不仅表达社会说话人的权势，而且在更局部的语境中维护或形成这种权势。听话人的交流模型则受这种控制的影响而随之变化。在会话交往中他便根据这些信息采取行动。

与之相似，社会权势还可以通过控制话语体裁（genre）得到表达。有权势的说话者可以首先拒绝别人与他们谈话，因而能选择或避免对话；他们还能规定某种其他的交流体裁，如提出用官方的正式申请或控告形式。他们甚至可以改变那些规定会话或公共机构话语格式的规则，比如会议或法庭审讯的话语规则。在法庭上，控告人或证人必须遵循一定的规则。这些规则规定哪些言语行为或体裁是他们可以用的；有时只允许回答问题；个人经历只在被要求说时才能说；当然较有权势的被告人在此情况下可能有更多的自由。争辩或辩解要减到最小的限度，因为它们属于辩护律师或起诉人的话语权势范围。

语义层次上的情况也是如此。在会话中，一位说话人（A）能控制话题和话题的转换，以使另一位说话人（B）只得局部地为表现 A 的模型（包括其看法）的话题服务。因此教室里或门诊里的话题由老师或医生规定，学生或病人很少能自由引导出自己的话题（Fisher 和 Todd，1983；1986）。从认知角度说，权势控制话题的后果是，无权势说话人根据自己的知识和信息模型构造的内容只对有权势的说话人有意义。这也影响局部的语义层次。一旦话题确定，局部命题必然与其相关，以致对无权势说话人有意义的信息未能被激发或完全被抑制。这种情况也许还发生在模型里相关的看法上。根据这种分析，如果把权势作为社会控制的形式，那么话语和交流中的权势以认知控制为前提和内涵。

在文体、修辞结构层次上，有权势的说话人也能表现他们对会话交往的控制。权势说话人期望人们用正式、尊敬的文体与他们对话，不允许无权势说话人用常用的或口语化的特定词汇。在修辞方面，他们推崇一些修辞手段，反对另一些，比如无权势话语中的委婉说法、有克制的陈述或反语法。

因此，有权势的说话人在心理上将自己表示为有权势的社会成员和交流模型中的说话人，从而能在一切话语交往的层次上间接地控制谈话的各种特性。一般地说，这意味着无权势说话人没有那么多控制力，因而也就没有那么多自由，比如在选择说话机会、话题、文体方面便是这样。"（引自施旭《社会认知、社会权势和社会话语》）

行政执法话语的言说。话语依靠言说表达，言说通过语言实现。执法语言可以有口语和书面语，可以有法律语言、行政语言、专业语言、群众语言，也可以使用普通语言或者方言，以及民族语言和外国语言，使用哪种语言要看对象，这是由解释说明行政执法的目的决定的。解释说明行政执法的目的是使对方能明白理解所解释说明的行政执法内容的含义,不使用对象语言无法达成目的(行政执法标准语言类型)。

执法文书显然要用书面语和法言法语,在相对人为外国人或者少数民族人时,需使用特定外国语和少数民族语言(翻译)。询问笔录记载的既可以是口语也可以是书面语,多记载的是法律语言和群众语言,鉴定意见使用专业语言要注明普通语言含义,方言也要注明普通语言含义。在对执法的检查中,执法领导、指导、监督人员与执法人员交流时,多夹杂着法律语言和行政语言,需使用普通语言,不得使用方言。在行政审判和复议程序里,以法律语言为主。

第四节 运用理论解释

对行政执法解释总体上主要是一种以执法要件要素和演绎逻辑为基本特征的理论解释,常识解释对行政执法理论解释起补充作用,从这个角度归结的解释准则是运用理论解释准则。下面将在有关常识和理论的知识框架内对这一准则进行讨论。

第一题 哪些事实可以作为常识内容和理论对象

无论常识还是理论都与社会存在事实紧密联系,要分析常识和理论问题,需要先分析与常识和理论都有关的事实问题。

某种事实当对人们有重要意义时,就会成为理论的对象。

行政执法作为一种事实对人们是重要的，它直接影响人们的利益，所以就会在法理学、行政法学、行政学、社会学等理论体系中有相应的理论，由于它对于人们的利益影响太大，太过重要，还要专门形成一个理论体系即行政执法学。某种事实离人们生活、生产近，人们常见或者基于传承对其有了相对固定的理解判断，这种事实就会成为常识的一部分。行政执法活动，人们常见，它就会成为社会常识的一部分。如果同一种事实既对人们有重要意义又离人们很近，则这种事实会同时成为理论对象和常识的一部分，行政执法活动就是如此，既在常识的视野之内，也属于理论对象。

如果一种事实人们不常见，跟日常的生活关系不大，但与人类整体或者长期利益有关，这些事实对社会中的一般人来说不能产生常识，但是可以作为理论的对象，如物理学上的原子、分子这种事实人们不常见，无法形成社会常识，但却是量子物理的对象，很显然量子物理对人类具有意义。

综上，某种事实能否成为理论对象在于其重要性，而某种事实能否成为常识的一部分在于其离人们生活的远近，两种事实可能重合也可能不重合，当两种事实重合的时候，对这种事实的解释就可以出现常识解释和理论解释两种解释，对于行政执法来说，两者是重合的，因此对行政执法的解释就可以既有常识解释也有理论解释。下面就行政执法理论和常识进一步探讨，以利于理解解释行政执法。

第二题　行政执法常识解释与理论解释

参考陈嘉映老师《常识与理论》学术报告，对社会常识得出如下认识，常识是在一定时空范围内人所共知的、简单的、基本的事实和这些事实中所包含的道理（常理）。由于从事实中得出道理依赖于对该事实的理解，基于这种理解，常识中还含有判断力的成分。即常识包含事实和道理两部分，两者之间以理解判断衔接。事实和道理都可以作为知识看待，知道某种事实是知识，明白某种关于事实的道理也是知识。理解判断也可作知识看待，但更偏重于"见识"，即正确的知识、正确的理解判断，常识是一种经验知识。行政执法常识即是在一定时空范围内人所共知的、简单的、基本的、与行政执法有关的事实和道理，以及相应的理解判断力，属行政执法知识。

理论是对事实进行统一解释，行政执法理论是对行政执法这一存在事实（这里的事实不是仅指执法要素中的执法根据事实，而是指关于执法的一切实体存在事实）进行统一解释。

统一解释就是既能对某种事实的正常现象进行解释，也能对这种事实的反常现象进行解释。常识中的常理也是对事实的解释，但常理解释一般没有明确的目的，是自然而然形成的人们对事实理解的道理，它不像理论那样明确地以统一解释为目的。理论与常理对事实解释的另一个不同在于，常理只能解释正常现象，但无法解释反常现象。如作为常理解释对象的行政执法不能含有限制人身自由的行政拘留，因为某个人只是违法了，并不是罪犯，怎么能送进"牢里"呢？从常理来讲这是无法解释的，也是不符合常识的，是一种反常。但从社会学社会控制理论的角度和法学行政法理论的角度，从行政执法学关于行政执法的法律性和行政性角度就能够在其理论体系中得到合理解释。

同时，统一解释还意味着整体和系统的解释。常理解释往往是表面的、片面的、零碎的，有的时候甚至是矛盾的（如两小儿辩日中的两种常理解释），并且有一定的时间性、地域性、民族性。陈嘉映老师说，"理论家不是不知道常识有常识的道理，但这些道理行之不远"。理论解释不同于常理解释，其是对一定事实的系统整体解释，它不单独对某一事实进行孤立的解释，而是将这一事实放在整个理论框架内进行解释，并且还要考虑对这一事实的解释与对其他事实的解释相容。行政执法理论不单独或者片面地解释某一地域、某一部门、某一类别的行政执法行为、程序关系和要素，也不仅仅解释行政执法系统，而是将每一执法行为、程序、要素放在整个理论框架中解释，同时还将行政执法作为一个社会子系统，解释其与执法环境的关系等问题，行政执法理论对行政执法的解释是整体系统的解释。

由于理论的统一解释性质，理论解释较之常理解释具有更强的解释力，由于行政执法理论的统一解释性质，行政执法理论解释较之对行政执法的常理解释更具解释力。

当然，不同理论在不同阶段完善程度不同，由此表现出的解释力可能有不足，这种情况需要不断完善理论。还有一种情况是理论与事实不对应，这时增强理论对事实的解释力不能靠完善，而应当另辟蹊径创立新的理论。当法学、行政学、社会学在各自理论范围内都不能对行政执法进行有力的统一解释时，就需要创立新的、统一的行政执法理论体系。

为什么需要理论解释，常理足以指导生活，有常理不是足够了吗？简单地说，理论不仅仅是为了满足人们的好奇心和求知欲，或者仅为了弥补上述常理解释的不足，使用理论解释最重要的原因是其直接与人类文明进步相关，当然，这里的理论是指科学理论。而理论能与人类文明进步相关也正是因为其具有统一解释性质。举两个明显的例子就会明白：自然科学领域牛顿的万有引力、爱因斯坦的相对论对自然事实的理论解释，社会科学领域孟德斯鸠、卢梭、洛克等人的启蒙思想（含法治思想）对社会事实的理论解释，都促进了人类社会巨大的文明进步。这种例子不胜枚举。在这一点上常识中的常理是做不到的。理论可以促进人类整体文明进步，而常识只能指导个人的具体生活。行政执法实践不是一种个人生活，其作为一项正义事业，作为法治的重要内容显然与人类整体文明进步相关，运用理论解释而不是常理解释，才能促进行政执法推进社会文明进步功用的发挥。

由于理论解释与人类文明进步紧密相连，所以进一步增强了基于其统一解释性质而具有的解释力，同理，行政执法理论解释因与人类文明进步紧密相连，所以进一步增强了基于其统一解释性质而具有的解释力。理论较常理的更强解释力以及与社会文明进步相关是在行政执法中主要运用理论进行解释的原因。用常识中的常理解释行政执法会出现"公说公有理、婆说婆有理"的情况，会片面零碎不统一甚至矛盾，不会有强说服力，也就达不到在上一节坚持执法话语中所说的行政执法的说服效果。

常识有社会常识和职业常识之分，但是理论一般是职业性或者说是专业性的。职业常识是人们长期从事某种职业活动对该职业活动所形成的关于职业事实和道理以及理解判断力的知识，这不为行业外一般人所具有，不是社会常识。在执法行业内执法人员对行政执法具有不同于社会常识的执法常识（执法者素质的重要方面），是一种职业常识。而理论建立在对某一事实的专门研究之上，具有独特的原理、概念等，只能由从事这方面工作的人们所理解，一般也只能对其所研究的事实提供解释，所以说具有专门性或者职业性，显然，法学理论不能指导物理实践，行政执法理论一般只能指导行政执法实践。同时，不同理论之间可能相互借鉴，进而形成交叉理论甚至交叉学科。行政执法理论就需要借鉴法学特别是行政法学、行政学、社会学、哲学等理论来形成自己的理论。

第三题　行政执法理论构造方法导致理论解释可能与常理解释出现冲突

第一题中讨论了事实与常识和理论的关系，当常识事实和理论事实重合的时候，对这种事实的解释就可以出现常识解释和理论解释两种解释，这两种解释由于形成的机制和构造不同容易出现冲突。

常识是人们在生产生活中自然而然形成的，而理论的形成则有其特殊性。陈嘉映老师说，"营建理论是一项新事业，是一种新的追求"，"常识包含的道理就事论事不相连属，中间有很多缺口。为了提供统一解释，理论家必须把包含在常识中的形形色色道理加以调整和组织，为了把道理组织成一个理论，他必须重视常识中的某些道理，忽视另外一些；把一些视为主要的，把另一些视为次要的。从一些道理中，通过种种延伸和变形，再得出另一些道理。在通过这种种手段营建理论的过程中，理论难免与某些常识相左，或发生冲突"。按照陈嘉映老师的说法，理论有一部分内容来源于常识，又有别于常识，理论构造要区别于常识，对事实重新归类，改造日常概念，营建理论概念，这些都导致理论与常识越来越远，因此会造成常理和理论对同一事实的解释不同。

营建行政执法理论显然也是这样一个过程，对行政执法这种事实活动重新归类，改造日常概念，营建执法理论概念。在行政执法理论中有大量理论概念存在，如执法组织、依据、根据、证据、决定等，这些概念中有些概念来源于社会常识或执法常识并且与这两种常识中的概念同义，有些则与常识概念不尽相同，在执法理论整体框架内有自己独特的意义。不仅如此，有些执法理论概念还来源于其他理论体系，比如法学、行政学、社会学理论体系，这些概念中有的概念与其他理论体系中的概念含义相同，有的概念则是对其他理论体系概念的改造。此外，还有执法理论自创的一些概念。当执法理论概念运用于执法理论解释时，当执法理论概念与社会常识、执法常识概念和其他理论体系概念含义不一致时，就会出现对同一执法事实的解释不一致，就会出现行政执法的法律效果、行政效果和社会效果不统一。这与在刑事审判中坚持刑法学理论解释判案可能导致社会公众基于常识不理解甚至反对案件判决是一个道理。

第四题 在坚持行政执法理论解释的前提下发挥执法常识的辅助解释作用，实现行政执法法律效果、行政效果和社会效果的统一

基于行政执法的性质，行政执法效果包括三个方面，即法律效果、行政效果和社会效果。行政执法的法律效果有广义和狭义之分，狭义上的行政执法法律效果是指执法决定的法律效果，即执法决定意味着执法组织职责职权的履行（内部），执法相对人、相关人法律权利义务的确定或行政法事实状态的改变（外部）。广义上的行政执法法律效果也是宏观上的法律效果，是指以行政执法实现法律的程度，本题所指法律效果是这种意义上的效果。行政执法的行政效果是以行政执法实现行政目的的程度。行政执法的社会效果是行政执法的社会接受程度。由于行政是国家意志的执行，而国家意志以法律表现（见上一节第一题），国家意志决定行政目的并由法律表现，故实现法律即实现行政目的，故行政执法法律效果与行政效果一致，以法律效果指代两者（法与行充分结合的情况下）。因此，行政执法效果就简化为两种效果，即行政执法的法律效果和社会效果，两者是衡量行政执法绩效的标准，以法律效果为主。

行政执法法律效果与社会效果不统一的原因很多，其中一个重要原因就是行政执法理论和常理对同一执法事实解释出现不一致时造成的效果不统一。对作为行政执法标准内容的法律进行解释,要保证法安定性和合目的性,对作为法律执行的行政执法活动进行解释,要保证依法执法原则实现,就必须坚持以(作为行政执法理论的)法学理论为重点的行政执法理论解释,而行政执法本身又是社会实践活动,具有社会性,时刻处于社会常识和职业常识之中,面临着社会对行政执法各种各样的常识解释,两种解释不一致就会产生行政执法法律效果和社会效果的不统一。显然,行政执法作为法律执行活动,法律性作为行政执法的第一性决定了在法律效果与社会效果不可兼得的情况下,应当坚持法律效果,但这种情况是极少出现的,多数情况是法律效果和社会效果可以兼得,这是因为:

一方面,行政执法的内容标准和执法过程在一定程度上是一种常识活动,多数情况下常识解释与理论解释相一致。

行政执法过程是一个以要件要素和演绎逻辑等理性方式还原蕴含常识的法律于社会的过程,总体上是一个理性过程,必须在总体上坚持行政执法的理论解释,但是,行政执法在还原法律的内容上具有常识的成分,在还原的过程中在要素要件认定上一定程度上依赖于常识,这个时候就需要常识解释,行政执法理论解释和常识解释统一于执法过程。

作为行政执法标准内容的法律特别是行政法已经在立法环节将社会常识纳入法律,行政执法具有社会性,作为行政执法内容标准的法律也必须具有社会性,法律就是用于调整社会关系的。在第一章第一节第三题中已经对常识与立法的关系作了讨论。在上一本书也谈论过这个问题，博登海默在解读霍姆斯法官的名言"法律的生命并不在于逻辑而在于经验"时，就将经验常识在法律中定位于"确定人们应当受其支配的规则"。法学理论在指导立法时不是否定常识而是对常识的归纳，行政执法在运用作为行政执法理论的法学理论解释执法，将蕴含常识的法律落到实处时也不是否定常识，而是通过要件要素确定和演绎对法律归纳的以理性表达的常识进行还原，尽管这种还原未必准确。

社会常识在解释行政执法时虽然起辅助作用但不是可有可无，在绝大多数执法过程中，其为执法解释提供了一个起点或者说基点，以执法材料在案件中确定执法要件要素"有"和"是"这类事实时，虽然有证明标准的限制，但在确定的最初环节仍主要依赖于执法组织、执法相对人、相关人等多方常识判断，除非科学理论或者法律规范明确不允许对这一要件要素的事实状态作常识判断（高专业性问题）。

叶一舟研究员在《论常识判断与法律判断的衔接与转化》一文中说，"概念或语词与现实对象之间的关系并非全然是简单的直接指称或命名关系，亦即是说一个概念或语词之所以能在由说话者发出以后对听者产生特定效果并且正是说话者要达到的，起决定作用的不是语词与对象的直接对应而是常识在其中起到的定向与定性的作用。定向作用是指常识判断的基础是对客观对象的直观性认识并由此规定语词与对象的关系。定性作用则是指常识确保人们通过语词对客观对象的性质有基本的正确认识，并对判断、践行自己的事务和主体间交往产生规范作用"。这段话也说明了对执法材料证明执法要件要素的初始判断依赖于常识,同时,还说明执法组织在执法解释时实现执法话语也需要依靠社会常识。

另一方面,除非法律有明确例外规定,对行政执法事实既可以进行理论解释也可以采用常识解释,并且常识解释无碍于理论的统一解释时应作常识解释,这也可以消除一大部分执法效果不统一的情况。

江必新老师在《在法律之内寻求社会效果》一文中指出,通过掌握法律的精神实质,全面把握相关的法律规定,按照既定科学的规则解释和适用法律,正确合理地解决规范冲突,积极能动地填补法律漏洞,正确行使自由裁量权,在法律体系之内建立平衡制度,建立科学的法律规范过滤机制,建立适时修改"问题规范"的机制等方法,在法律之内实现司法的社会效果,这对执法解释实践同样具有意义,即在行政执法理论解释框架内通过建立各种理论解释机制,使常识解释相容于理论解释,从而达到执法效果统一的目的。

第五题　行政执法常识解释优先的例外情况

尽管执法理论解释与常理解释基于法律蕴含常识、执法过程依赖常识和在理论解释框架内建立常理解释相容机制而能够得出一致的解释结果,在多数情况下能够使执法的法律效果和社会效果相统一,但由于第三题所讨论的原因,仍会有一些解释因理论与常理的区别导致执法效果不统一,此时需要归结一些需要充分考虑的,在一定时间地域优于理论解释的常识解释来最大限度解决这一问题。

在法律没有相反规定的情况下，至少下列社会常识在进行行政执法时应当充分考虑：

1. 生命最重要。这是一个明显的社会常识。在行政执法中考虑这一常识至少可以表现在两个方面。一方面，某一行政执法决定一旦作出将使某人面临现实的生命危险，则该执法决定不得作出。这里的某一执法决定特别强调含行政强制，某人是指执法相对人、相关人等社会成员，当然包括执法人员。行政执法不是刑事执法，其不以牺牲任何人的生命为代价去追求执法效果，即便是刑事执法也必须慎重考虑可能面临的现实生命危险因素后才能作出执法决定。另一方面，对有关人的生命健康的行政执法处理应当更加严格，甚至要严厉执法，在立法保障和执法保障上应当更加倾斜，这一方面既包括依职权行政执法也包括依申请行政执法。同时，在行政执法过程中如有人遇到生命危险应当予以救助。

2. 大的利益优于小的利益。行政执法维护公共利益、社会秩序，保护公民、法人和其他组织的合法权益，在以行政执法取得的社会利益可计量的情况下，在执法决定可选择且不可兼顾社会各方利益的情况下，除非法律另有明确要求，应当作出有利于保护更大利益的执法决定，同时，执法决定取得的利益应当高于因此造成的损失，应当采用对社会造成最小损失的执法方式。

3. 善良行事。行政执法是追求正义的事业，善良是正义的应有之义。一方面，执法决定应当在法律规定的范围内尽最大可能地为执法相对人着想，保护其合法权益。另一方面，执法过程应当理智、平和，不能恶语相加，更不能威胁欺诈，甚至拳打脚踢，要文明执法。

4. 一视同仁。行政执法是一种交往商谈，亚里士多德在《政治学》中说，"公正最为完全，因为它是交往行为上的总体的德性"。在行政执法上应当遵循一视同仁的常识处理执法事务，坚持"相同情况相同处理""不同情况不同处理"，不能"选择执法"，杜绝任何案外因素影响，要公正执法，这主要是指实体法上的公正。

5. 先来后到。这是一个最基本的秩序常识，也是程序法意义上的公正。除非法律另有规定或者基于合理的"重要性"，对执法事项的处理应当依照时间顺序进行，不能加塞。

6. 尊重宗教信仰和当地风俗习惯。

除了上述情况外，行政执法应当坚持理论解释。

运用执法理论解释如同坚持执法话语一样，不是满嘴术语就是执法理论解释，作为解释，其目的之一是让听者明白，在执法理论解释的表达方式上如同在上一节坚持执法话语中所探讨的执法语言一样，应当针对不同解释环境使用不同解释语言，达到解释目的。用不同的、合适的语言说明同一个执法道理是职业执法者的基本功。

执法理论与执法常识对执法者来说都是重要的，是一个职业执法者应当掌握的两类执法知识，其中执法理论知识还是执法者形成职业思维、专业思维必须具备的知识。常识知识基于执法者的生活和执法实践经验习得，而理论知识需要执法者长期、系统的学习、思考，有的时候还必须是刻苦的，作为专业知识它无法通过执法实践经验或者执法、法律通俗读物获得，必须阅读专业书，陈嘉映老师说，"我们从爱因斯坦和其他科学家的通俗书籍中受益无穷，但我们无法靠阅读科普书籍成为物理学家"。

第四章　行政执法解释方法：行政执法决定的方法

　　法律解释的对象是法律文本，最直接的目的是确定作为解释对象的某一法律文本含义。行政执法解释对象是行政执法要件要素，其最直接的目的也是确定作为解释对象的某一行政执法事项的要件要素。法律解释确定法律文本含义通过法律解释方法，行政执法解释确定行政执法要件要素也要通过行政执法解释方法。由于行政执法要件要素由决定要素和构成它的要件要素组成，确定行政执法要件要素的方法也就是确定行政执法决定的方法，解释行政执法要件要素确定的方法也就是解释行政执法决定的方法。

　　在现实中作出一个执法决定，必须基于行政执法理由。上一本书中讨论了行政执法理由是执法组织在个案中形成的依据、根据、证据、决定要素之间的演绎逻辑关系，并且具体分析了行政执法演绎逻辑"三段论"，这其中有两个前提，一个是作为大前提的执法依据（规范上的要件），另一个是作为小前提的执法根据（案件中与规范上的要件对应的要件事实），当这两个前提被确定，则作为结论的执法决定被确定，即执法决定可以作出。对于两个前提的确定问题在上一本书中只是作了概括讨论，在本书中将作为重点讨论内容。为了更清晰地认识这一问题，将上一本书中讨论的三段论形式截取一部分放在这里：

"法律规范（T）为大前提；

特定之案例事实（S）为小前提；

以特定法律效果之发生为其结论（R）；

T→R（具备 T 之构成要件的，发生 R 的法律效果）；

S＝T（特定的涉法事实符合 T 所预设的事实构成要件）；

S→R（该特定的涉法事实，发生 R 的法律效果）。

在行政执法中，T 就是行政执法依据预设的事实状态要素及其相应法律后果的规定，S 就是主要由行政执法证据证明的事实状态，即行政执法根据事实状态，即认定事实（主要部分是证据事实），R 就是行政执法决定，即依据规定的法律后果产生支配处分行政执法职责职权的法律效果（对行政执法相对人而言就是设定处分其权利义务）。行政执法依据、根据和证据、决定基于 T→R，S＝T，S→R 建立逻辑关系，并因此而形成行政执法理由，行政执法理由形成于行政执法决定之前。"

这里，要解决的问题就是 T 之规范上构成要件的确定和 S 作为案件中要件事实的确定问题，两者之间的关系问题在上一本书行政执法理由节中已经讨论，这里不作讨论重点。在行政执法理由演绎逻辑关系确定以后，这种关系中的要件要素确定就成为关键问题，关系和要件要素的确定方法，既是行政执法解释方法，也是行政执法决定作出的方法。

行政执法理由是法律"三段论"在行政执法领域内的具体应用，行政执法学将法律"三段论"内化为行政执法本身，将其作为行政执法的一个要件，即行政执法理由要件。基于行政执法的依法、绩效、简明原则，行政执法只宜存在"三段论"这一种演绎逻辑。法律"三段论"是最重要的法律思维和最基本的法律推理方式，由法律"三段论"可以得出一项极为重要的法律执行适用规则：欲得到法律规范之法律后果（现实的法律效果），必须满足该法律后果对应的规范构成要件事实。在行政执法上就是：欲作出案件决定，必须满足该案件决定对应的规范上的决定构成要件事实。这一规则在本章中将会被反复提到。

关于要件要素的确定，奥托·迈耶在《德国行政法》中说，法治国不只是通过法律把大量丰富的行政活动限制起来，还要使行政活动在其内部也逐渐形成一些确定内容，以保证个人权利及个人对行政活动的可预测性。这种确定，在行政执法上，从某个角度看就是对执法要件要素的确定。执法要件要素确定有两层含义，既指规范上的要件要素确定，也指案件中的要件要素确定，两者是相互联系的整体，相对于案件中的行政执法决定，基于行政执法理由两者都是决定前提，但在两者之间，规范上的要件要素确定是案件中的要件要素确定的前提，没有前者的确定就没有后者的确定，两者是"相对应"的关系。

"相对应"是一个什么概念呢？以法学的观点来看，是指"行为"相对应，在行政执法学上，基于简明执法原则，从便于理解的角度，将"相对应"确定为"事项"相对应（事物，在上一本书中已经讨论过），即将执法规范上主要以法律事项存在的执法事项对应现实中的执法案件，执法案件也是一个执法事项，是现实中的执法事项。不仅如此，在行政执法学上看，立法归纳抽象的过程，也不是单纯对人们行为的抽象归纳，而是对人们各种各样事项的抽象归纳。事项这一概念将社会、法律和案件连接起来。行政执法解释方法的任务就是将特定法定执法事项和作为现实执法事项的特定执法案件要件要素识别出来，确定下来，只有这样才能在个案中形成行政执法理由，作出一个执法决定。

上一章所讨论的行政执法解释准则只是提供一个识别、确定执法要件要素的范围或者说一个标准，多数情况下它不能用于直接确定特定行政执法事项的要件要素，实现这一目的，要靠行政执法解释方法，即行政执法要件要素的确定方法。

第一节　关于构成要件

构成要件（在对法律规范结构两分的情况下亦称行为模式，两者有很多理论区别，这里不展开）是为正确认识、理解法律，便于执行、适用法律而采用的对法律特别是法律规范的法学理论和法律实务解释思维方法，这种方法为法律理论界和实务界广泛承认并使用，是一种科学方法。在理论上它是一种法学思维方式，在实践中它是一种法律思维方式，是法律"三段论"这种最重要法律思维方式的组成部分。陈兴良老师在《教义刑法学》中说，"正如小野清一郎指出的，构成要件是一个一般法学的概念，甚至在哲学、心理学等文献中偶尔也采用构成要件一词。在一般法学上，由于一定的法律效果发生，而将法律上所必要的事实条件的总体,称为'法律上的构成要件'"。关于构成要件的一般含义在上一本书中讨论过,这里主要以行政执法构成要件为例,先用区分三类构成要件的认识方式来进一步理解构成要件,为研究要件要素确定作一铺垫。

第一题　构成要件的三个面相——理论上的、法律上的、案件上的构成要件

构成要件这一概念可以具有三种意义,可以指示理论上的构成要件,也可以指示法律上的构成要件,还可以指示案件上的构成要件。

首先,法学理论上的构成要件要素概念是对法律规范这一事实存在的逻辑结构的一种理论认识,基于这种认识形成构成要件理论体系。法律规范具有什么样的逻辑结构可以有多种理论认识,如认为法律规范的逻辑结构为"假定+处理+制裁",以构成要件认识法律规范只是各种理论认识方法中的一种,这种理论认识方法被广泛承认。构成要件理论认为,法律规范的逻辑结构为"构成要件+法律后果"。在承认构成要件理论的范围内,对于法律规范的适用执行应当采用要件要素的认识思维方法,这是没有异议的,不同的是对构成要件的含义认识不同,特别是不同的法部门理论有不同的确定构成要件的方法和因此产生的不同的要件表现形式,在同一法部门也会存在不同的要件及其确定理论,比如刑法学中的犯罪构成"四要件说"和犯罪构成要件"三阶层说"。

同时,作为要件理论客体的构成要件,在理论上不仅仅限

于法律规范上的构成要件,构成要件概念还可以指示事实构成要件,因此,将构成要件区分为规范构成要件(不是与记述的构成要件相对的规范的构成要件)和事实构成要件,在行政执法上就是行政执法规范的构成要件和行政执法案件的构成要件,在以决定要件为中心时,可称为规范决定构成要件和案件决定构成要件。在理论上,执法决定构成要件既可以指向法规范上的构成要件,也可以指向执法案件事实构成要件,两者是相对应的,同时也是有区别的,要区分不同语境来判断构成要件理论表述指的是规范构成要件还是案件事实构成要件,不能将两者混淆,否则会造成理解上的困难。

其次,法律规范上的构成要件是一种客观存在,是法学上构成要件理论认识的对象,是产生某一特定规范"法律后果"所必需的法定条件因素的总和,在行政执法上,是与执法案件事实形成演绎逻辑推理大前提的前半部分,是法律规定的执法事项构成要件要素,是规范决定对应的规范构成要件。作为法律规范上的构成要件要素,是一种法律概念的意义,在行政执法上主要是指示执法事项的性质,而不是执法事项本身。

例如,我国《环境保护法》第六十一条规定,"建设单位未依法提交建设项目环境影响评价文件或者环境影响评价文件未经批准,擅自开工建设的,由负有环境保护监督管理职责的部门责令停止建设,处以罚款,并可以责令恢复原状"。这一法条作为法律规范的表现形式,按照上述构成要件理论来认识,"建设单位未依法提交建设项目环境影响评价文件或者环境影响评价文件未经批准,擅自开工建设的,由负有环境保护监督管理职责的部门"部分表示法律规范的构成要件,"责令停止建设,处以罚款,并可以责令恢复原状"表示法律规范的法律后果。

以规范上的行政执法要件要素来认识这一法条所表示的法律规范,"环境保护监督管理职责的部门"表示行政执法组织这一要件要素,"建设单位未依法提交建设项目环境影响评价文件或者环境影响评价文件未经批准,擅自开工建设的"表示行政执法根据这一要件要素,"责令停止建设,处以罚款,并可以责令恢复原状"表示行政执法决定这一要件要素(规范决定)。当然这些要件要素本身是不完全的,需要根据其他法律和法理加以完善确定,确定的方法就是本章重点讨论内容之一。行政执法不同于其他法律执行适用的一个显著特点就是要跨各种部门行政法典确定要件要素,甚至有时候还要跨部门法确定要件要素,不像民法、刑法执行适用那样要件要素确定集中在有限的几个法典之中,这也是行政法实施区别于民法和刑法实施的要点之一。

环保法这一法条确定的执法要件要素不仅被确定的要件要素本身不完全,从每一执法活动必有组织、依据、根据、证据、理由、决定这一全要件要素观点看,这一法条并未确定执法依据、证据要素和执法理由要件,也是不完全的。这两种不完全不是说作为执法事项不存在未规定的要件要素,而是基于立法技术等原因省掉了。那么省掉的执法依据、证据要素和理由要件的规定从哪里来呢?就是从其他法律规定以及法理推断而来。比如从行政诉讼法的规定推断出行政执法必须具有依据、证据要素和理由要件。当把行政执法全部要件要素确定下来并且以决定要素为中心视角时，则执法组织、依据、根据、证据、理由要件要素就成为执法决定这一要素的构成要件要素。

以上是从执法组织角度看《环境保护法》第六十一条确定的要件要素。从执法相对人角度看这一条规定的要件要素，其要件要素是由表示执法根据要素的"建设单位未依法提交建设项目环境影响评价文件或者环境影响评价文件未经批准，擅自开工建设的"规定的。这一表述规定了执法相对人法律行为构成要件要素中的行为主体、实行行为、行为对象要件要素。规定的行为主体是建设单位，规定的行为对象是应当环评的建设项目。规定的实行行为是擅自开工建设，有两种实行行为方式，一种是未依法提交建设项目环境影响评价文件而开工建设，另一种是虽然依法提交了建设项目环境影响评价文件，但未等到环评文件被批准就开工建设，任意一种都是规定的实行行为。这些规定作为规范都是指向现实存在的行为主体、实行行为和行为对象的性质，而不是行为主体、实行行为和行为对象作为现实存在的本身。

在执法中，去判断一个法条或者几个法条是否规定了一个执法事项，一般来说，关键是看在这个或这几个法条中是否规定了执法根据要素并且规定了与之相对应的执法决定要素，两者同时具备则该法条或者该几个法条规定了一个执法事项，至于其他执法要素是否在这一特定法条中被规定不影响这一法条或者这几个法条是否规定了一个执法事项的判断。在执法中，去判断一个法条或者几个法条是否规定了一个执法相对人事项，一般来说，关键是看在这个法条或者这几个法条中是否规定了执法根据要素中的实行行为要素并且规定了与之相对应的执法决定要素，两者同时具备则该法条或者该几个法条规定了一个执法相对人事项，其他执法相对人要件要素是否在这一法条中被规定不影响这一法条或者这几个法条是否规定了执法相对人法律事项的判断。缺失的执法组织角度的要件要素和执法相对人角度的要件要素可以通过分析推断出来。

最后，案件上的构成要件要素也是一种客观存在，广义上也属于法学上构成要件要素理论认识的对象，但它不是法律规范构成要件那种产生某一特定规范"法律后果"法定条件因素的总和，而是在特定执法案件中产生某一特定实际"法律效果"所必需的符合法律规定即规范上构成要件事实条件因素的总和。在行政执法上，这种构成要件要素是执法演绎逻辑推理小前提，是现实中的执法事项即执法案件事实构成要件要素，是一种决定构成要件要素所指称和对应的事实概念。作为执法案件上的构成要件要素，是一种法律事物的意义，它不是如法律概念那样指示法律事项的性质，而是指示具有特定法律性质的现实存在的事项（事实）。

下面实录一已经公开的执法决定书来说明上述问题，这一执法决定书选自中国证监会浙江局网站，决定书公开的网站网址为http://www.csrc.gov.cn/pub/zhejiang/zjxzcf/201811/t20181113_346634.htm，选取时间为2019年3月22日。为了节省篇幅，用加序号在文后集中解说的形式来说明执法决定书内容所表示的执法案件事实要件要素。

行政处罚决定书 [2018] 6 号

当事人：王××，①女，1985 年 6 月出生，②住所：浙江省杭州市余杭区。

依据《中华人民共和国证券法》（以下简称《证券法》）的有关规定，③我局④对王××传播虚假信息行为⑤进行了立案调查、审理，并依法向当事人告知了作出行政处罚的事实、理由、依据及当事人依法享有的权利。⑥当事人未提出陈述、申辩意见。⑦本案现已调查、审理终结。

经查明，王××存在以下违法事实：⑤

2018 年 6 月 19 日 16：40 左右，王××在手机上看到微信朋友圈有人发布"证监会暂停新股 IPO"的截图，于当日 16：48⑧使用注册的"口水杭州"论坛用户"hzer"账号在论坛子栏目"口水楼市"中发布了⑨题为"暂停新股 IPO 了"的帖子，内容包括"新股"和上述截图。⑩6 月 20 日上午 9：35 左右，经提醒，王××在其同事帮助下删除该帖子。该帖子在"口水杭州"论坛发布至删除期间，共有 28 个回复和 5029 个查看。⑪

上述"证监会将暂停新股 IPO"截图系一张伪造的证监会官网截图，该截图显示"2018 年 6 月 19 日，中国证监会召开临时会议，决定从 2018 年 6 月 20 日起暂停新股 IPO"。证监会官网下"新闻发布会"栏目内容，并没有"2018 年 6 月 19 日新闻发布会"这一页面。2018 年 6 月 19 日下午，证监会新闻发言人辟谣澄清"证监会召开临时会议叫停 IPO"为假消息，⑩并表示该行为严重干扰市场正常传播秩序，编造虚假消息，应严肃处理。

上述事实,有相关截屏页面、情况说明、相关人员询问笔录⑫等证据证明,足以认定。

王××的上述行为违反了《证券法》第七十八条第一款关于"禁止国家工作人员、传播媒介从业人员和有关人员编造、传播虚假信息,扰乱证券市场"的规定,构成《证券法》第二百零六条所述"扰乱证券市场"的行为。⑬

根据当事人违法行为的事实、性质、情节与社会危害程度,⑤依据《证券法》第二百零六条的规定,③我局决定:责令王××改正,并处以3万元罚款。⑭

上述当事人应自收到本处罚决定书之日起15日内,将罚款汇交中国证券监督管理委员会(开户银行:中信银行总行营业部,账号:7111010189800000162,由该行直接上缴国库),并将注有当事人名称的付款凭证复印件送我局备案。⑭当事人如果对本处罚决定不服,可在收到本处罚决定书之日起60日内向中国证券监督管理委员会申请行政复议,也可在收到本处罚决定书之日起6个月内直接向有管辖权的人民法院提起行政诉讼。⑮复议和诉讼期间,上述决定不停止执行。

中国证券监督管理委员会浙江监管局④
2018年11月6日⑯

这里不对执法决定书所表示的执法案件是否合法、决定书形式是否规范以及案件要件要素确定是否完整准确作评价,如本案执法相对人身份职业是一个要件,对于确定王××是否为本案行为主体至关重要,但决定书显然遗漏了这一点。这里主要以这一执法决定书来说明一个事实存在的执法案件的要件要素构成问题。

本决定书①表示执法根据即执法相对人法律行为构成之行为主体要素。②表示责任年龄要素。③表示执法依据要素。④表示执法组织要素。⑤表示执法根据要素。⑥表示告知处罚事由及权利程序要件。⑦表示听取当事人陈述申辩程序要件。⑧表示执法根据即执法相对人法律行为构成之行为时间要素。⑨表示实行行为要素。⑩表示行为对象要素。⑪表示行为结果要素。⑫表示执法证据要素。⑬表示执法理由要件。⑭表示执法决定要素。⑮表示告知处罚救济要件。⑯表示执法决定时间要素。这些要件要素都是案件要件要素，都是发生过的、事实存在的。这些要件要素必须对应规范上的执法要件要素。这些要件要素如在上一章第一节遵循决定原意讨论的那样，首先必须"有"，即事实存在。其次必须"是"，属于规范要件要素规定指向的要件要素。

第二题　与构成要件密切相关的阻却要件

与构成要件相关的是阻却要件，这类要件是指阻止形成法律规范之法律后果的规范要件，在案件上，就是阻止与规范法律后果相对应的法律效果形成的事实要件，在行政执法上是指阻止形成规范决定的规范要件，阻止形成案件决定的案件事实要件。从法规范上说，规范构成要件与规范阻却要件都对应规范之法律后果，每一特定的法律后果都对应着特定的构成要件和阻却要件。从法实践上说，案件事实构成要件与案件事实阻却要件都对应案件法律效果，每一特定的案件法律效果都对应特定的案件事实构成要件和案件事实阻却要件。在行政执法上道理相同。

阻却要件的功能在于阻止规范法律后果和案件法律效果之产生，其作用的机理可以从两个方面分析，进而作出分类。

一是使某一构成要件失去其构成特性，使其与规范法律后果和案件法律效果无法对应，无法形成演绎逻辑关系，从而产生阻止法律后果和效果的作用，是一类与构成要件相反的阻却要件。在规范上，规定了一个构成要件就意味着同时规定了一个与之相反的阻却要件，当规定构成要件之行为主体是个人时，不是个人即为该构成要件之阻却要件，当规定年满18周岁为构成要件时，未满18周岁就是阻却要件。在案件上，在存在案件事实的情况下，针对案件法律效果，只能认定与之相对应的构成要件事实与阻却要件事实其中一种，即只能认定特定构成要件事实或者与之相反的阻却要件事实"有"且"是"，两者不能同时"有"且"是"。认定构成要件事实"有"且"是"就意味着与之相反的阻却要件事实"没有"或者"不是"，认定构成要件事实"没有"或者"有"但"不是"就意味着与之相反的阻却要件事实"有"且"是"，认定阻却要件事实产生对应的构成要件事实道理相同。在行政执法上道理也相同，将上述规范法律后果替换为规范决定，案件法律效果替换为案件决定理解即可。理解行政执法决定阻却要件还要联系上一章第一节遵循决定原意解释准则有关问题的分析，它们密切相关。

二是使构成要件整体失去其构成特性，直接阻断构成要件与规范法律后果和案件法律效果的对应关系，区别于上述与构成要件相反的阻却要件，称这类阻却要件为法律特别规定的阻却要件。法律特别规定的阻却要件不与某个特定构成要件发生联系，即其不逐一对应构成要件，不是构成要件的相反要件，不通过使演绎逻辑关系无法形成来阻断法效果和法后果，而是基于法律的特别规定直接使构成要件对应的法后果和法效果不能产生，此时基于构成要件的演绎逻辑关系仍可以形成，但基于法律特别规定该演绎逻辑关系中的法结果、法效果被阻却。和与构成要件相反的阻却要件的另一个区别是，不是每一个法后果和法效果都具有法律特别规定的阻却要件，有没有要看法律规定和案件事实，而与构成要件相反的阻却要件存在于每一个法后果和法效果要件之中，有构成要件就一定有与构成要件相反的阻却要件。行政执法决定法律特别规定的阻却要件理解道理相同，如上一段末尾处所述，这里不再扩展。

存在阻却要件时，不能产生与构成要件相对应的法律后果和法律效果，但可以产生其他法律后果和法律效果，此时，前一法律后果和法律效果的阻却要件会变成后一法律后果和法律效果的构成要件，此为要件之转化。要件转化不是说要件本身有什么变化，要件没有任何变化，变化的是要件对应的法后果和法效果。区分构成要件和阻却要件都是在法后果和法效果特定的前提下进行区分，当某一法后果和法效果变成另一相关的法后果和法效果时，前一法后果和法效果的阻却要件就可以变成后一法后果和法效果的构成要件。

构成要件加上阻却要件才能构成完整的法律要件和案件要

件，对于法律要件和案件要件这一整体来说，构成要件和阻却要件缺一不可，但两者有主从之分。在要件理论中，构成要件是主，阻却要件是从，法律追求的是构成要件所对应的法后果、法效果产生，而不是阻却要件所对应的法后果、法效果产生。由于事物的复杂性，法律必须考虑构成要件产生法后果和法效果的例外情况，这种例外情况即以法后果、法效果的阻却要件形式存在。另外，从功能上说，阻却要件是为阻却构成要件构成法后果和法效果而存在的，可以说没有构成要件就没有阻却要件，但不能说没有阻却要件就没有构成要件。尽管阻却要件在要件理论中从属于构成要件，但却不能说其不重要，阻却要件对于法律实施具有重要意义，以行政执法来说，决定阻却要件对于实现行政执法的依法、绩效、简明原则都具有重要意义，后面的章节将会论及。

第三题　构成要件理论在行政法学理论体系上没有得到应有的地位

　　构成要件理论在刑法学、民法学理论体系中占有重要地位，特别是在与行政法学同属公法理论的刑法学中，位置十分突出，何秉松老师在《犯罪构成系统论》序言中说，"犯罪构成（要件——引者注）理论源远流长，至今已有190余年的历史。在德国、日本等西方国家，在苏联和现在的俄罗斯、乌克兰等独联体国家，在东欧诸国，在我国大陆和台湾省，犯罪构成（要件——引者注）理论都是整个刑法理论的基础和核心，占有十分重要的地位"。近代刑法学之父费尔巴哈认为，构成要件特别地具有阻止或限制统治者和法官任意定罪的作用。现代犯罪构成理论的创始者和奠基者贝林格认为，构成要件是现代刑法的基石。构成要件是罪刑法定原则的实现，没有构成要件就没有罪刑法定原则的实现。

反观行政法学，仅以笔者的阅读范围而言（肯定有遗漏，比如未翻译的外国行政法专著），当代我国有影响的行政法教科书、行政法专著，重要的外国行政法译著，包括以行政法研究历史为研究对象的关保英老师主编的《行政法认识史》《行政法思想史》，以及王正斌博士的学位论文《行政行为类型化研究》对行政行为构成要件（该书所称构成要件实为成立要件）研究历史的梳理，均未看到构成行政行为（行政决定、行政执法决定）意义上要件要素的体系化研究，也就是，在行政法研究历史上，并未赋予行政行为构成要件要素以行政法理论体系上的地位，更不要说重要地位，这与同为公法理论的刑法学研究历史大相径庭。

这样一种状况导致，从执法实践看，行政法学对行政执法活动的指导作用大打折扣，导致行政法学在行政执法领域的应用水平较低，应用性削弱，至少与刑法学指导刑事执法相比是这样。而行政执法学作为专门指导行政执法活动的理论知识系统必须以行政执法实践需要为指向，以行政执法要件要素为研究重心，以有效指导执法实践。

在上一本书和本书前文已经讨论了行政执法组织角度的执法要件要素问题，本章从解释行政执法的角度重点讨论作为行政执法根据的主要方面即行政执法相对人法律行为构成要件要素问题，以及相关行政执法依据所规定的规范要件问题，尤其是要件要素在法律和案件中的识别、确定等基础问题。

第四题　成立要件、构成要件、有效要件

目前而言，行政法学上研究的要件主要是具体行政行为的成立要件和有效要件，成立要件解决某一行为是否为行政行为，有效要件解决某一行政行为在法律上是否有效，这两种要件都是判断要件，即对既成行为的判断，而不是对未成行为的指示。如果简单地将这种要件的性质作一归纳，那么这种要件是一种裁判要件或者说是为监督行政而确定的要件，主要是为司法裁判而非执法过程服务的。这种情况与法学理论围绕司法裁判构造传统、法与行政是两种事物、以法律规控行政权的理念相关。前者如民法理论上的构成要件和刑法理论上的构成要件理论都以法院法律适用为主要目的，后者在上一本书中已经讨论过。行政法理论以行政裁判为主要指向构造要件理论是不是就一定无法对行政执法进行有力指导呢？刑法理论同样以裁判为主要指向构造要件理论，其对刑事执法具有显著的指导作用。两者为什么有这么大的差别？这就在于行政法与刑法对于权力的控制机制不同。

从传统行政法学看，规控行政权的方法是以行政主体行使行政权为核心，而非以行政相对人权利义务为核心。在对行政行为进行司法审查和程序控制时，虽然指向保护行政相对人，但行政相对人的权利义务问题在规控行政权过程中是附属性质的，行政行为才是规控行政权的直接对象，因此就会产生围绕

行政行为的成立要件和有效要件，而没有产生作为行政行为处理对象的行政相对人法律行为构成要件。而刑法学则不同，其一开始就是围绕刑罚对象即犯罪行为研究思考问题，将犯罪构成要件作为刑法学的基础核心，尽管越来越重视刑事裁判和刑事执法行为，但在刑法学理论中其地位显然不如犯罪构成要件。在刑法学上主要通过犯罪构成要件来控制国家刑罚权，具备犯罪构成要件认定为犯罪处以刑罚，不具备犯罪构成要件不得认定为犯罪不得处以刑罚，以此来控制国家刑罚权。可见，行政法学与刑法学控制权力是两条不同的进路，前者主要围绕权力主体权力行使本身，而后者主要围绕权力行使对象。

对行政权和刑罚权的控制同属对公权力的控制，为什么会有这样的不同呢？至少与三个方面有关，一是权力分立制衡，二是刑事执法一体化，三是犯罪认定的极端重要性。从权力分立制衡角度上，司法权与行政权是两种不同性质的权力，司法权可以监督行政权，既然监督行政权就要以行政权为中心，而不以行政权的行使对象为中心。从刑事执法一体化上，尽管对犯罪的审判、公诉和侦查基于权力监督制衡的需要可以分属于不同的组织，但它们针对的都是同一行为，即犯罪行为，自然要以犯罪行为为中心，如不以犯罪行为为中心，而是以审判、公诉、侦查行为各自为中心构建要件，则容易出现针对同一犯罪行为却有不同法律适用的情况，会出现法律适用矛盾困难。同时，对犯罪的审判、公诉和侦查可以认为是国家刑罚权行使的三个阶段，可以概括地认为是以审判为中心的"一个"权力、"一个"行为，公诉、侦查都依附于审判，自然不能以司法行为为中心去规控权力，司法权是司法机关自己掌握的，以司法行为为中心去规控权力就是自己控制自己，这当然可以，但没有通过控制作为司法处理对象的犯罪构成条件有效。从犯罪认定的重要性看，构成犯罪一般要受到刑事处罚，刑罚是最严厉的制裁，如果出现错误对公民权利的侵害最为严重，必须以犯罪行为为中心控制刑罚权，相比之下以司法机关司法行为为中心控制刑罚权重要性不足。如果要在刑事执法和犯罪行为之间只选择一方作为中心点来控制刑罚权，那就只能是犯罪行为，以犯罪为中心构建要件体系。

因此，行政法学和刑法学分别形成了针对权力行使过程和权力行使对象不同的要件理论。

行政法上的成立要件和有效要件不能对行政执法活动进行有力指导，除了上述成立和有效两种要件着重关注行政权行使过程很少关注相对人法律行为的原因外，还有两个重要原因，一个是成立要件和有效要件是一种法律要件，是某一行为是否为行政行为、是否为有效的行政行为的法律评价要件，而不是一种事物要件，即不是事物形成过程中必不可少的要件。另一个是这两种要件在行政法理论上过于笼统，这就导致以成立和有效这两种要件理论指导行政执法这一事物的形成会显得很吃力，在行政执法实践中很少被使用。与成立要件、有效要件不同，行政执法上构成要件是一种形成要件、事物要件，更贴近行政执法，更有效指导解释行政执法，它就是为了指导执法办案而产生的，这个问题下一题会详细讨论。

研究行政执法构成要件，形成行政执法构成要件理论不仅是因为既有成立要件和有效要件理论无法有力指导解释行政执法实践，更重要的是现实的需要。保证合法行政在当代已经不能完全寄托于对既成行政行为的司法纠正，这是非效率、不经济的。当代社会法与行政结合越来越深入，依法行政原则要求越来越严格，行政执法任务越来越繁重，这就要求以行政执法构成要件实现依法行政原则，实现依法执法、绩效执法、简明执法原则。在理论上，应当改革完善行政法学要件理论，将其从判断要件向形成要件延伸、转化、完善，并将要件要素理论作为基础理论，给予行政执法要件要素应有的行政法理论体系地位。在实践上，应当将行政行为要件从司法过程中的司法裁判要件向行政过程中的执法构成要件延伸、转化、完善，以回应实践需要。行政法学可以有行政立法学、行政执法学和行政司法学三个维度，从最根本的意义上说，行政法学应当是有关行政执法的理论体系而不是其他，应当将行政执法研究放在行政法研究相当重要的位置。

第五题　行政执法构成要件要素

要件是必要条件，要素是必要因素。将要素的"素"解释为因素时，要件与要素同义，在构成要件理论历史上，要件与要素作为同义词使用，一般不加区分。如果按照上一本书对事物（项）这一概念的讨论，事物包含要素与关系，将"素"仅解释为指示事物的实体部分，则要素与要件含义不同，要件既可以指示事物的实体部分也可以指示事物的关系部分，而要素只能指示事物的实体部分不能指示事物的关系部分，要件的含义范围要大于要素。为表述方便，在本书中不对要件和要素表述作刻意区分。

行政执法构成要件要素是指构成某一特定行政执法各种条件和因素的总和，在这个意义上其等同于行政执法要件要素。将行政执法理解成行政执法决定时，行政执法构成要件要素是指构成行政执法决定的要件要素总和。在行政执法构成要件要素是行政执法要件要素的意义上，其概念的外延要大于行政执法决定构成要件要素，其包括执法决定要件，也就是当说行政执法要件要素这个概念时，它包含执法组织角度的组织、依据、根据、证据、决定要素和理由要件，包括执法相对人角度的执法根据要件要素所对应的执法相对人法律行为构成要件要素，即行为时间地点、行为主体、行为意识、实行行为、行为对象、行为结果、因果关系等全要件要素。

行政执法构成要件要素是实现要件要素。这里的实现指实现行政执法的依法原则、绩效原则、简明原则。任何原则的实现都必须有具体的方法，实现行政执法原则需要依靠行政执法要件要素。行政执法的依法原则是依法行政原则在执法领域的体现，依法行政原则的实质是规控行政权，将行政法对行政活动的程序和实体要求转化为具体的要件要素从而在行政执法中实现才可能落实依法行政原则，这就像罪刑法定原则必须依靠犯罪构成要件实现一样。要件要素作为行政执法的必要条件和因素的总和本身就体现了绩效执法、简明执法原则。

行政执法构成要件要素是必要要件要素。某一行政执法的条件和因素有必要和非必要的区分，行政执法要件要素仅指其中的必要部分。所谓必要就是不可缺少，一旦缺失要件要素就意味着不能成为行政执法。这种活动可能在理论上和法律上符合行政执法成立要件，被作为行政执法对待，并可以进入有效性判断，但实际在事物的、系统的角度上，其不能成为行政执法，而且一定是无效的。必要条件因素主要是指行政执法这一事物存在的必要条件因素，而不主要指向行政执法这一事物在法律上成立或有效的必要条件因素。

行政执法构成要件要素是形成要件要素。这种要件要素直接指向行政执法的建构过程，指示这一建构过程必不可少的条件和因素。实际执法活动需要首先分析法定要件要素，然后在案件中实现法定要件要素，形成执法案件要件要素，这种要件要素指导行政执法实践内容、方向等整个过程，离开了行政执法要件要素就不能进行正确的行政执法活动。形成性要件要素的性质也决定了行政执法构成要件要素是一种具体要件要素，即按照构成要件要素形成的执法是一个具有确定内容、性质的行政执法，具有区分此行政执法与彼行政执法的功能。行政执法构成要件要素虽然也具有行政执法成立、有效的判断功能，但主要的功能是形成具体行政执法。

行政执法构成要件要素是有效要件要素。行政执法构成要件要素虽然是行政执法这一事物存在的必要条件因素，但也具有整合行政执法成立要件和有效要件的功能，依照构成要件要素形成的行政执法在法律上一定是成立的、有效的。这种成立有效是在行政执法过程中即成立有效，而不是在司法裁判过程中被确定为成立有效。这种成立有效不是基于行政管理需要被

第四章 行政执法解释方法：行政执法决定的方法 | 149

推定为成立有效，而是基于其具备本身存在所必需的条件因素而成立有效。另外，行政执法构成要件要素形成行政执法效力还能避免行政法理论中从反面瑕疵角度判断行政执法效力这种仅对行政裁判有指导作用，对行政执法过程明显缺乏指导作用的状况，也能避免行政法学正面以主体合法、内容合法、形式合法等要件判断行政执法效力过于笼统明显缺乏对行政执法指导作用的状况。行政执法构成要件要素着眼于行政执法事物成立本身，其对行政执法的指导是正面的、具体的、有效的。行政执法构成要件要素形成行政执法效力避免了在司法裁判中以成立要件、有效要件判断行政执法的不经济、非效率状况。

行政执法构成要件要素是理性要件要素。无论是否在理论上梳理清楚行政执法构成要件思维方式，在实践上，每一行政执法的形成都有执法组织和执法人员的思维方式存在其中，这种思维方式从整体上看，在被理论化以前是自发的、杂乱的、感性的、非确定的。而行政执法构成要件要素是法律理性分析的产物，是法学理论与法律规定相结合形成的自觉的、有序的、理性的、相对确定的行政执法思维方式。应当用统一的行政执法构成要件理论思维方式替代个人的行政执法思维方式，以达到正确执法的目的。

行政执法构成要件要素是一体要件要素。这里的一体是指程序与实体一体，执法决定构成与相对人法律行为构成一体。行政执法构成要件要素既包括实体要件要素，也包括程序要件，它们统一于行政执法构成要件要素这个整体。行政执法构成要件要素体现出"双层"结构，即执法组织角度的决定构成要件和执法相对人角度的法律行为构成要件，这不同于行政法学上的行政行为要件和刑法学上的犯罪构成要件仅侧重于法律关系主体一方的"单层"结构。行政执法构成要件要素这种"双层"结构能够更好地规控行政权，更有利于形成正确执法决定。同时，应当看到，尽管行政执法构成要件要素是"双层"结构，它们仍然是统一的，执法相对人法律行为构成要件要素作为行政执法根据要素统一于行政执法构成要件要素之中。

行政执法构成要件要素是决定要件要素。从行政执法这一事物存在的角度分析其要件要素为执法组织、依据、根据、证据、决定和理由，从行政执法是一种规范—事实的活动，以及法律规范的逻辑结构为"构成要件＋法律后果"，执法组织、依据、根据、证据对应规范构成要件，决定对应规范法律后果，从执法理由将构成要件与法律后果和决定加以连接的角度，可以看到，行政执法构成要件要素在内部结构上是以决定要件要素为中心的，任何一个行政执法都以最终形成一个正确决定为目的，而要形成一个正确决定就必须具备执法组织、依据、根据、证据和理由要件要素，因此行政执法构成要件要素实际上是执法决定构成要件要素。行政法学上具体行政行为的成立要件和有效要件都不是对应行政法规范"构成要件＋法律后果"中"构成要件"意义上的要件，或者说不是自觉从法律规范"构成要件"出发思考归纳的要件，这种思考方式形成的要件难以称之为一种法律要件方法。

在上一本书和本书前文讨论确定了行政执法组织角度的组织、依据、根据、证据、决定和理由要件要素，下面一节主要讨论作为行政执法根据主要方面的行政执法相对人法律行为构成要件要素在法律上的确定问题。再下一节讨论决定构成要件要素在案件中的确定问题，实际上这个确定过程就是执法组织、执法人员面对相对人处理其法律行为的过程，就是行政执法决定作成过程，就是解释行政执法的过程。

第二节　法律上的构成要件要素之确定

基于行政执法是规范—事实的活动，确定执法案件构成要件要素以确定相对应的法规范上的执法事项要件要素为前提，这其中又以确定执法根据要素中执法相对人法律行为构成要件要素为主要。

第一题　执法相对人事项法律归纳确定的方式——行为构成要件要素

一个法律规范是对一个事项的规定，一方面其规定事项的构成要件，另一方面其规定对该事项的法律评价即法律后果，有什么样的法定事项构成要件，对这一法定事项就有什么样的法律后果。这都是指规范意义上的，而不是指实际执法办案意义上的。

构成要件首先是人之事项的构成要件，它包括构成事项要素、关系这两种内容以及外在形式即行为。社会事项之构成要件多种多样，在社会事项被法律规定为法律事项之时，社会事项的构成要件是要被大量裁剪的，法律事项之构成远没有社会事项之构成丰富，这是社会事项与法律事项的第一个不同之处，法律仅择事项构成之要者（具有法律意义的）加以规定。第二个不同之处在于，法律对事项的规定方式是固定不变的，即主要以陈述句描述事项，以行为规定事项，以行为的性质规定事项，法律就是一个权利义务体系，而权利义务就是可以和应当"为"与"不为"的行为规则体系。正因如此，执法相对人事项构成要件要素称之为执法相对人法律行为构成要件要素。而对社会事项的表述因环境不同可以有各种各样的体裁方式和修辞手法，如记叙文的方式，说明文的方式，新闻报道五"W"，何人（who）、何时（when）、何地（where）、何因（why）、何事（what）的方式，采用排比、拟人等修辞手法等。对社会事项的描述除了行为方式方法，还可以对思想、容貌、性格、偏好等方面进行描述，这在法律上是不可以的。社会事项与法律事项在构成内容和表现方式上是不同的。

　　法律以行为规定执法相对人事项，这里的行为并非是指社会生活中的哪个具体的行为，而是对很多同类具体行为的一种抽象规定，抽象出的东西是什么呢？就是行为的性质，在法律要素上称为法律概念。在法律规定上，"为"是行为的性质，"不为"也是行为的性质，行为主体、实行行为、行为对象、行为结果、因果关系等都是指某一"行为"之性质，而非是指某一现实存在的特定行为，现实存在的特定行为是实践中执法办案中的概念。

　　从事物之要素和关系角度分析，任一行政执法相对人事项构成从社会事项的角度以行为表述，大都有行为意识（故意、过失、目的）、行为主体、实行行为、行为对象、行为结果要素及行为对象与行为结果之间的因果关系等要件要素，但从法律事项的角度，基于某种法律目的，构成某一执法相对人法律事项的要素和关系即特定执法相对人法律行为构成要件要素，未必如社会事项要件要素那样完整，甚至可以说在多数情况下都是不完整的。确定执法相对人法律行为构成要件要素就是要运用一定的方法来识别和认定特定执法相对人法律事项有哪些要件要素构成、这些要件要素的要求是什么。在确定过程中需要遵守的准则主要是上一章讨论的遵循决定原意准则、具有材料支撑准则、坚持执法话语准则和运用理论解释准则。在方法上主要是通过分析行政执法依据体系、参考司法解释等来确定要件要素，这种方法不仅适用于执法相对人法律行为构成要件要素确定，也同样适用于执法组织方面的要件要素确定。

第二题 以分析行政实体法法典分则条文的方法确定要件要素

以行政实体法法典分则条文确定执法相对人法律行为构成要件要素是最基本的根据方法。

所谓行政实体法法典分则是与行政实体法法典总则相对应的，表现行政实体法法律规范的条文总和，而总则则是表现行政实体法法律原则的条文总和。总则并非仅在法典的"总则"中，分则也不一定限定在法典的非"总则"部分，要根据法律条文所表现的内容即表现的是法律规范还是法律原则来确定。

法典的总则、分则与该法的法律原则、法律规范的关系是形式与内容的关系，基于法律原则指导法律规范，法律规范实现法律原则的关系，法典总则与分则的关系是：总则指导分则，分则实现总则。

每一执法事项相对人法律行为构成要件要素主要根据行政实体法分则来确定，只有行政实体法分则才能设定执法相对人法律事项，但并非只有行政实体法分则才能设定执法相对人法律行为构成要件要素。一个法律事项的核心要素在于实行行为和与之对应的决定类型，这个实行行为要素和与之对应的决定类型只能在行政实体法分则中加以设定。存在一个实行行为和与之对应的决定类型的条文规定，必然存在一个与之相对应的法律事项，被称为一个法律事项的，必存在与之相对应的关于实行行为和与之对应的决定类型的条文规定。

行政实体法分则设定实行行为（法律规范逻辑结构中的构成要件之一）的权限与行政执法决定类型（法律规范逻辑结构中的法律后果）有直接关系。当立法法授权某一位阶实体法可以设定某一执法决定类型时，该位阶实体法就可以设定与执法决定类型相对应的执法相对人法律行为中的实行行为以及其他要件。立法法未授权某一位阶实体法可以设定某一执法决定类型时，该位阶实体法既不能设定该执法决定类型，也不能设定包括实行行为在内的决定构成要件，但可以依法作出规定。立法授予的设定权是对决定及其构成要件特别是实行行为要件的设定权，不应将立法对行政执法的设定权授予分割理解，认为仅是决定类型设定权，不包括决定要件设定权，这种认识是违反决定与其构成要件一体性的。

作为决定构成核心要件要素之一的实行行为及其他要件与与之相对应的决定类型可以在同一个法典中被设定,在同一个法条中被设定,也可以分设在不同法典、法条之中,这主要取决于立法技术,决定及其构成要件大量分布于不同的法典之中是行政法与民法、刑法设定要件方法的重要不同点,这是由行政实体法复杂多样、难于统一等特点决定的。应对这种状况,在行政执法时就需要跨法典、跨法条确定构成要件要素。

总之,以行政实体法法典分则条文确定构成要件要素,要先确定实行行为要件以及对应的决定,在这两者确定以后再确定其他要件要素,无论是在同一法条、法典中确定还是跨法条、法典确定都是如此。

下面从依职权执法事项和依申请执法事项角度各举一例说明以行政实体法法典分则条文确定构成要件要素。

例如,我国《安全生产法》第六十条规定,"对未依法取得批准或者验收合格的单位擅自从事有关活动的,负责行政审批的部门发现或者接到举报后应当立即予以取缔,并依法予以处理"。这是一条关于对执法相对人擅自从事安全生产活动予以行政取缔执法事项的行政实体法分则法律条文,这一条文设定了行政取缔这一行政执法决定,同时设定了相应的执法相对人擅自从事安全生产活动这一事项,明确设定了行为主体和实行行为这两个执法相对人法律行为构成要件要素。依照该条规定,擅自从事安全生产活动这一法律事项的行为主体为单位,即非个人的法人、其他组织,既包括合法组织也包括非法组织,按照《安全生产许可证条例》规定，主要是矿山企业，建筑施工企业，危险化学品、烟花爆竹、民用爆炸物品生产企业。该行为主体的特征是，未事先依法取得特定安全生产活动的许可证，或者行为主体所属的特定安全设施未依法验收合格。实行行为为从事了纳入安全生产许可管理的活动，或者将纳入安全生产验收管理的安全设施投入生产和使用。

例如，我国《药品管理法》第七条规定，"开办药品生产企业，须经企业所在地省、自治区、直辖市人民政府药品监督管理部门批准并发给《药品生产许可证》。无《药品生产许可证》的，不得生产药品。《药品生产许可证》应当标明有效期和生产范围，到期重新审查发证。药品监督管理部门批准开办药品生产企业，除依据本法第八条规定的条件外，还应当符合国家制定的药品行业发展规划和产业政策，防止重复建设"。第八条规定，"开办药品生产企业，必须具备以下条件：（一）具有依法经过资格认定的药学技术人员、工程技术人员及相应的技术工人；（二）具有与其药品生产相适应的厂房、设施和卫生环境；（三）具有能对所生产药品进行质量管理和质量检验的机构、人员以及必要的仪器设备；（四）具有保证药品质量的规章制度"。这是两条关于对执法相对人申请药品生产许可活动予以行政（许可）受理执法事项的行政实体法分则法律条文，这两个条文设定了药品许可受理这一行政执法决定，同时设定了相应的执法相对人申请药品生产许可活动这一事项，明确设定了行为主体、实行行为、行为对象这三个执法相对人法律行为构成要件要素。

依照第七条、第八条规定，申请药品生产许可这一法律事项的行为主体即申请主体为单位，依法必须为企业，既可以是专营企业也可以是兼营企业，既可以是法人企业也可以是非法人企业。必须是合法企业，即依照《中华人民共和国企业法人登记管理条例施行细则》等规定已经登记的企业。个人不是申请主体。

申请药品生产许可这一法律事项的实行行为为实际申请药品生产许可行为，依照本书第二章第三节对依申请决定构成要件要素的分析，该申请行为的申请事项为药品生产，药品生产这一事项又包含自己的要件要素。在时间地点要素上，特定药品生产的时间地点由国家制定的药品行业发展规划和产业政策规定（此要件为许可要件，非受理要件），单凭《药品管理法》无法确定时间地点要素。药品生产这一事项的行为主体要素为具有依法经过资格认定的药学技术人员、工程技术人员及相应的技术工人。药品生产的行为环境要素为具有与其药品生产相适应的厂房、设施和卫生环境。药品生产的行为监测要素为具有能对所生产药品进行质量管理和质量检验的机构、人员以及必要的仪器设备。药品生产的行为规则要素为具有保证药品质量的规章制度。

申请药品生产许可这一法律事项的行为对象为申请企业所在地省、自治区、直辖市人民政府药品监督管理部门。

第三题　以分析行政实体法法典总则条文的方法确定要件要素

行政实体法法典总则条文对执法相对人法律行为构成要件要素有规定的，应当析出相应要件要素规定并纳入特定法律行为构成。

行政实体法总则条文不规定实行行为，即不设定具体的执法相对人法律事项，但可能对除实行行为以外的其他执法相对人法律行为构成要件要素作出规定，这种要件要素的规定通常对该规定所在的实体法典所设定的各种执法相对人法律事项都有影响，可以直接成为实体法分则所设定的特定执法相对人法律行为构成要件要素之一，或者对实体法分则所设定的特定执法相对人法律行为构成要件要素予以限定。

例如，我国《治安管理处罚法》第十八条规定，"单位违反治安管理的，对其直接负责的主管人员和其他直接责任人员依照本法的规定处罚。其他法律、行政法规对同一行为规定给予单位处罚的，依照其规定处罚"。这条规定虽然不在该法典"第一章 总则"部分，但属于总则性质的规定。这条规定直接设定了该法典所设定的各种处罚相对人法律事项主体要素，即行政处罚相对人法律行为构成要件要素中的行为主体要素。这条规定表明，该法典分则所设定的各种处罚事项相对人违法构成要件要素中的行为主体要素，除该违法构成要件要素中的实行行为只能由个人实施（如遗弃没有独立生活能力的被扶养人的遗弃实行行为），行为主体要素均包含单位。

例如，我国《土地管理法》第二条规定，"国家为了公共利益的需要，可以依法对土地实行征收或者征用并给予补偿"。这条规定从土地征收、征用相对人法律行为构成要件要素角度看，设定了行为对象的性质，即相对人所有或者使用的土地必须具有可以满足公共利益需要的性质，否则不符合土地征收、征用相对人法律行为构成，不得征收、征用。

例如，我国《教师法》第三十三条规定，"国务院和地方各级人民政府及其有关部门对有突出贡献的教师，应当予以表彰、奖励"。这条规定不属于《教师法》"第一章 总则"部分，但因其设定了对教师的行政奖励，并且对其构成要件作了原则性规定，因此，属于奖励教师的总则性规定。这条规定明确限定了各种奖励教师法律行为构成要件要素中申请行为中的行为结果要素必须具有突出贡献的性质，即教育教学成果具有突出贡献，至于何为突出贡献，需要分门别类在各种奖励教师法律行为构成要件要素中加以确定。

第四题 以分析行政程序法法典条文的方法确定要件要素

行政程序法法典条文对执法相对人法律行为构成要件要素有规定，应当析出相应要件要素规定并纳入特定法律行为构成。

行政程序法典是规定行政法实体要素之间关系的法典，行政实体法典是规定行政法实体要素的法典。正如前文论说，关系离不开要素，要素也离不开关系，实体法典在规定要素时也要规定要素之间的关系，程序法典在规定要素之间的关系时也在规定要素，两者只是侧重点不同，不可能做到截然区分。同时，行政程序法典一个重要特征是侧重于规定执法组织执法职权行使而不是执法相对人权利行使，但是，规控执法权的目的是保护相对人权利，执法权行使的对象是相对人权利义务，行政程序法典在规定执法组织职权行使的同时必然关涉相对人权利义务，必然关涉执法相对人法律行为构成要件要素。这与行政实体法典虽然侧重规定相对人权利义务，但同时也规定着执法组织职权行使的道理是一样的。在实体法规定相对人权利义务、程序法规定执法组织职权职责这方面，两者同样是侧重点不同，不可能做到截然区分。因此在考虑特定执法相对人法律行为构成要件要素时需要考虑行政程序法典设定的要件要素。

例如，我国《行政处罚法》第二条规定，"行政处罚的设定和实施，适用本法"。第二十五条规定，"不满十四周岁的人有违法行为的，不予行政处罚，责令监护人严加管教；已满十四周岁不满十八周岁的人有违法行为的，从轻或者减轻行政处罚"。这两条规定为所有行政处罚相对人法律行为构成要件要素设定了责任能力（行为意识要件）这一要素中的责任年龄要素，这意味着，任一处罚事项相对人法律行为构成要件要素必存在责任年龄要素。同时要注意，责任年龄要素虽然主要针对行为主体要素中的个人要素，即行为主体要素为个人时才对应具有责任年龄要素，但在行为主体为单位时，对单位处罚同时对单位中的个人处罚的，亦需考虑该人责任年龄要素。

例如，我国《行政强制法》第三条规定，"行政强制的设定和实施，适用本法"。第三十四条规定，"行政机关依法作出行政决定后，当事人在行政机关决定的期限内不履行义务的，具有行政强制执行权的行政机关依照本章规定强制执行"。这两条规定对所有行政强制执行相对人法律行为构成要件要素中的实行行为不履行要素作了限定，即在执法决定确定的期限内。

第五题　以分析行政文件的方法确定要件要素

行政文件对执法相对人法律行为构成要件要素有规定的，应当析出相应要件要素规定并纳入特定法律行为构成。

行政文件不能设定执法相对人法律事项，即不能设定执法相对人法律行为构成的实行行为等要件要素以及与之相对应的决定类型，但是，行政文件可以在其权限范围内对已被法律设定的各种要件要素作出规定。行政文件规定执法事项总的特征是规控执法组织的执法权，有利于实现执法相对人法律权利。单就对执法相对人法律事项的规定来说，一是可以就执法相对人法律行为构成各要件要素的含义作出解释。二是可以对执法相对人法律行为构成各要件要素作进一步细分。三是可以为执法相对人法律行为构成各要件要素实现规定保障性条件。

例如，原国家食品药品监督管理局印发的《药品和医疗器械行政处罚裁量适用规则》（国食药监法〔2012〕306号）第六条规定，"当事人有下列情形之一的，应当依法给予从重处罚：（一）以麻醉药品、精神药品、医疗用毒性药品、放射性药品冒充其他药品，或者以其他药品冒充上述药品的；（二）生产、销售以孕妇、婴幼儿及儿童为主要使用对象的假药、劣药的；（三）生产、销售的生物制品、血液制品、注射剂药品属于假药、劣药的；（四）生产、销售、使用假药、劣药或者不符合标准的医疗器械，造成人员伤害后果的；（五）生产、销售、使用假药、劣药或者不符合标准的医疗器械，经处理后重犯的；（六）拒绝、逃避监督检查，或者伪造、销毁、隐匿有关证据材料的,或者擅自动用查封、扣押物品的;(七)在自然灾害、事故灾害、公共卫生事件、社会安全事件等突发事件发生时期,生产、销售用于应对突发事件的药品系假药、劣药,或者生产、销售用于应对突发事件的医疗器械不符合标准的;(八)法律、法规和规章规定的其他从重处罚情形"。这条规定以行政文件的形式对我国《药品管理法》设定的生产、销售假药,生产、销售劣药执法相对人法律事项,对《医疗器械监督管理条例》设定的生产、销售不符合标准的医疗器械执法相对人法律事项之行为目的、实行行为、行为对象、行为结果要素分别进行了解释和细分,这些解释和细分的规定在确定相应执法相对人法律行为构成要件要素时应当遵守。

第六题 以分析司法解释的方法确定要件要素

司法解释对执法相对人法律行为构成要件要素有规定的,应当析出相应要件要素规定并在确定特定法律行为构成时予以充分考虑。

司法解释显然不能设定执法相对人法律行为构成要件要素,但可以针对行政审判对要件要素作出规定,因这种规定对行政执法具有实质影响力,应当将这种对要件要素的规定析出,在确定特定法律行为构成时予以充分考虑。这里的充分考虑是指,如果司法解释不违背法律、法规,则应当将司法解释对执法相对人法律行为构成要件要素的规定纳入特定法律行为构成。司法解释规定执法相对人法律行为构成要件要素主要表现在两个方面,一是对既是执法依据又是裁判依据的法律条文所设定的要件要素针对行政审判作出解释。二是对仅是执法依据不是裁判依据的法律条文所设定的要件要素以及行政文件所规定的要件要素针对行政审判作出评判。另外，司法解释中针对民事、刑事审判的解释，特别是针对刑事审判的解释，在被解释的刑法、民法法律条文、语词与表示执法要件要素的行政法法律条文、语词相同或者相似时，应当区分情况考虑这种司法解释对确定执法要件要素的意义。当两者指向相同法律事项时，在确定执法要件要素时应当充分考虑司法解释内容，当两者指向不同法律事项时，在确定执法要件要素时亦应当在区别的前提下参考司法解释规定。

例如，《最高人民法院关于审理商标授权确权行政案件若干问题的规定》（法释〔2017〕2号）大部分条文都是对商标驳回复审、商标不予注册复审、商标撤销复审、商标无效宣告及无效宣告复审等执法决定构成要件要素的解释，其中一部分属于对上列商标执法决定对应的执法相对人法律行为构成要件要素中的实行行为（主要是申请行为中的申请事项要素）等要件要素的解释，尽管这些对要件要素的解释仅适用于行政审判中相应商标复审或宣告决定，但由于该解释的实质影响力，应当在进行商标行政执法时，将该司法解释对商标驳回复审、商标不予注册复审、商标撤销复审、商标无效宣告及无效宣告复审行政执法决定要件要素的规定析出，在确定相应商标行政执法相对人法律行为构成时予以充分考虑。

例如，我国《治安管理处罚法》第四十五条规定，"有下列行为之一的，处五日以下拘留或者警告：（一）虐待家庭成员，被虐待人要求处理的；（二）遗弃没有独立生活能力的被扶养人的"。这一条规定设定了行政法上虐待家庭成员这一法律事项，属执法相对人法律事项，设定了行政处罚相对人法律行为构成。

我国《刑法》第二百六十条规定，"虐待家庭成员，情节恶劣的，处两年以下有期徒刑、拘役或者管制。犯前款罪，致使被害人重伤、死亡的，处两年以上七年以下有期徒刑。第一款罪，告诉的才处理，但被害人没有能力告诉，或者因受到强制、威吓无法告诉的除外"。这一条规定设定了刑法上虐待家庭成员这一法律事项，设定了犯罪构成。

针对虐待罪犯罪构成，最高人民法院、最高人民检察院、公安部、司法部《关于依法办理家庭暴力犯罪案件的意见》（法释〔2017〕2号）有司法解释，该意见规定，"17. 依法惩处虐待犯罪。采取殴打、饿冻、强迫过度劳动、限制人身自由、恐吓、侮辱、谩骂等手段，对家庭成员的身体和精神进行摧残、折磨，是实践中较为多发的虐待性质的家庭暴力。根据司法实践，具有虐待持续时间较长、次数较多；虐待手段残忍；虐待造成被害人轻微伤或者患较严重疾病；对未成年人、老年人、残疾人、孕妇、哺乳期妇女、重病患者实施较为严重的虐待行为等情形，属于刑法第二百六十条第一款规定的虐待'情节恶劣'，应当依法以虐待罪定罪处罚"。

经过分析发现，两法"虐待家庭成员"法律语词表述完全一致，在没有其他规定的情况下，从这一点上可以认为，两法所设定的虐待家庭成员这一法律事项从某种角度上属相同法律事项，这一相同法律事项可以细分为行政法事项和刑法事项，至于何种情况下是行政法上的法律事项即行政处罚相对人法律事项,何种情况下是刑法上的犯罪事项,法律可以作出规定,行政法规可以就行政法事项作出规定,司法解释可以就犯罪事项作出规定,无论哪种形式的规定,都是从法律事项的要件要素角度作出规定。

上述最高法意见作为司法解释对虐待罪犯罪事项犯罪构成从实行行为、行为对象、行为结果等要件要素角度作了罪与非罪的区分规定,这种规定在不违背法律和行政法规的情况下,在确定行政处罚虐待家庭成员构成要件要素时应当予以充分考虑。如对行政处罚虐待家庭成员构成要件要素之实行行为的确定,在法律和行政法规没有其他规定的情况下,意见所规定的"殴打、饿冻、强迫过度劳动、限制人身自由、恐吓、侮辱、谩骂等手段,对家庭成员的身体和精神进行摧残、折磨"之行为即为行政执法相对人虐待家庭成员这一法律行为构成要件要素之实行行为。

例如,我国《矿产资源管理法》第三十九条规定,"违反本法规定,未取得采矿许可证擅自采矿的,擅自进入国家规划矿区、对国民经济具有重要价值的矿区范围采矿的,擅自开采国家规定实行保护性开采的特定矿种的,责令停止开采、赔偿损失,没收采出的矿产品和违法所得,可以并处罚款;拒不停止开采,造成矿产资源破坏的,依照刑法有关规定对直接责任人员追究刑事责任。单位和个人进入他人依法设立的国有矿山企业和其他矿山企业矿区范围内采矿的,依照前款规定处罚"。这条规定设定了行政处罚相对人非法采矿法律事项。

我国《刑法》第三百四十三条规定,"违反矿产资源法的规定,未取得采矿许可证擅自采矿的,擅自进入国家规划矿区、对国民经济具有重要价值的矿区和他人矿区范围采矿的,擅自开采国家规定实行保护性开采的特定矿种,经责令停止开采后拒不停止开采,造成矿产资源破坏的,处三年以下有期徒刑、拘役或者管制,并处或者单处罚金;造成矿产资源严重破坏的,处三年以上七年以下有期徒刑,并处罚金。违反矿产资源法的规定,采取破坏性的开采方法开采矿产资源,造成矿产资源严重破坏的,处五年以下有期徒刑或者拘役,并处罚金"。这条规定设定了非法采矿罪和破坏性采矿罪犯罪构成。

针对非法采矿罪犯罪构成犯罪(行为)主体特征之一"未取得采矿许可证",最高法、最高检《关于办理非法采矿、破坏性采矿刑事案件适用法律若干问题的解释》(法释〔2017〕2号)对其进行了规定。该解释第二条规定,"具有下列情形之一的,应当认定为刑法第三百四十三条第一款规定的'未取得采矿许可证':(一)无许可证的;(二)许可证被注销、吊销、撤销的;(三)超越许可证规定的矿区范围或者开采范围的;(四)超出许可证规定的矿种的(共生、伴生矿种除外);(五)其他未取得许可证的情形"。

经过分析比较发现,两高对非法采矿罪犯罪构成之"未取得采矿许可证"的解释规定内容不仅指向《矿产资源法》第三十九条所规定的"未取得采矿许可证",而且指向该法第四十条的规定,该条规定,"超越批准的矿区范围采矿的,责令退回本矿区范围内开采、赔偿损失,没收越界开采的矿产品和违法所得，可以并处罚款；拒不退回本矿区范围内开采，造成矿产资源破坏的，吊销采矿许可证，依照刑法有关规定对直接责任人员追究刑事责任"。《矿产资源法》第三十九条规定了两个执法相对人法律事项，一个是擅自采矿，另一个是擅自进入他人矿区采矿，第四十条也规定了两个执法相对人法律事项，一个是超越批准范围采矿，另一个是拒不退回批准范围采矿。这四个事项按照矿产资源法规定，前两个事项的行为主体具有"未取得采矿许可证"特征，而第三个事项即超越批准范围采矿不具有"未取得采矿许可证"特征，但两高针对非法采矿罪"未取得采矿许可证"的解释将矿产资源法超越批准范围采矿纳入其中。因此，刑法上的非法采矿犯罪构成与矿产资源法上的执法相对人擅自采矿法律行为构成不同，刑法上的"未取得采矿许可证"不等于矿产资源法上的"未取得采矿许可证"，不能将两高对刑法非法采矿罪"未取得采矿许可证"的解释直接用于执法相对人擅自采矿法律行为构成行为主体之"未取得采矿许可证"的解释，但是，两高解释之"（一）无许可证的；（二）许可证被注销、吊销、撤销的"对于解释擅自采矿法律行为构成行为主体之"未取得采矿许可证"仍具有参考意义。

此外，终审判决和本组织、上级组织以往行政执法决定对所适用、执行的行政法法条进行的解释，如果涉及执法相对人法律行为构成要件要素的确定，这种解释对确定特定要件要素具有重要意义。前者具有参考价值，后者基于法的安定性原则和行政法的诚信原则，以及上级领导、指导下级的行政原则，以往行政执法决定对特定法条所表示的执法相对人事项法律行为构成的解释，对作出决定的执法组织及其下级执法组织确定同一法条所表示的执法相对人事项法律行为构成具有拘束力，无论该组织是以行政执法规定还是行政执法决定的方式确定要件要素，都具有拘束力。

第七题　以推定的方法确定要件要素

以上我们用了五个题目的篇幅讨论了要件要素确定方法，这些方法主要适用于法律等执法依据明文规定的要件，这些要件基于法律等执法依据对其本身的规定而被确定，我们可以称之为法律明确规定的要件。除了这类要件外，行政执法上还有一类要件，我们称之为依照法律推定的要件，这类要件的特点是，法律并不直接规定某一要件本身，而是采用一种替代要件的方式加以规定，或者干脆不作出规定，需要以推定方式加以确定，对这两种要件我们可以称之为明定的推定要件和隐含的推定要件。明定的推定要件是指法律、法规、规章明确规定的推定要件，这种要件依法确定即可。隐含的推定要件是指法律、法规、规章没有明确规定但应当具备的推定要件，这种要件需要采用推定的方法加以确定。以推定的方法确定要件要素主要是指对隐含要件的推定，简单讨论一下明定推定要件之后重点讨论隐含要件推定问题。

明定的推定要件多采"推定"语词或者具有推定意义的语词方法明确加以规定，其是案件中以推定确定案件事实方法中法律推定的依据，是案件中事实推定"三段论"逻辑结构中大前提的表现形式之一（见下节第五题）。明定的推定要件确定比较简单,我们举一例说明。我国《反垄断法》第十九条规定,"有下列情形之一的,可以推定经营者具有市场支配地位:(一)一个经营者在相关市场的市场份额达到二分之一的;(二)两个经营者在相关市场的市场份额合计达到三分之二的;(三)三个经营者在相关市场的市场份额合计达到四分之三的。有前款第二项、第三项规定的情形,其中有的经营者市场份额不足十分之一的,不应当推定该经营者具有市场支配地位。被推定具有市场支配地位的经营者,有证据证明不具有市场支配地位的,不应当认定其具有市场支配地位"。这一法条并未直接规定反垄断行政执法相对人法律行为构成要件行为主体之一——具有市场支配地位的经营者所具有的市场支配地位性质的情形(因为这种性质所指称的事实在案件中难以被证据确定),而是采用替代要件推定的方式加以规定,凡是具有所列情形之一的,推定为具有市场支配地位性质,这样的经营者为具有市场支配地位的经营者。

隐含的推定要件分为两类,一类是在所有执法相对人法律行为构成要件中都应存在的要件,由于某种原因法律未予明定,需要以推定的方式加以确定,这类要件我们称之为一般的隐含推定要件。另一类是特别的隐含推定要件,该要件并非存在于所有执法相对人法律行为构成要件中,需要针对特定执法事项进行个别化分析,结合法理,对该执法事项的立法精神、立法目的,要件之间的关系等加以推定。一般的隐含推定要件以行为时间、行为地点、行为意识和实行行为要件推定为例进行讨论,特别的隐含推定要件以民事行为能力要件推定为例进行讨论。

执法相对人法律行为构成要件要素并非仅有某一法条明确规定的要件要素，与行政执法组织方面的要件要素一样，也是全要件要素的概念，对于应当具有但未被法条明确规定的要件，应当采用推定的方法加以确定。比如时间地点要素，很少在法条中看到对这两个要素的直接规定，需要根据不同的执法类型和相对人法律事项分析推定。如执法相对人法律行为构成之行为地点要素，对于行政处罚这一执法类型来说，依照我国《行政处罚法》第二十条"行政处罚由违法行为发生地的县级以上地方人民政府具有行政处罚权的行政机关管辖。法律、行政法规另有规定的除外"的规定，任一行政处罚相对人法律行为构成要件要素均得有行为地点要素。这就像在第二章第三节第一题对行政执法决定的解释中讨论的那样，执法依据授权一个执法组织作出一个执法决定，这也同时意味着执法依据规定了执法相对人相应的权利义务。同样道理，很多执法规范在规定执法组织角度要件要素的时候，实际上也在规定执法相对人角度的要件要素，这是推定执法相对人法律行为构成要件要素的一个方法。

实际上，所有规范上的行政执法相对人法律行为构成要件要素都具有行为时间和行为地点要素，这是由行政执法组织角度要件要素中的依据要素决定的。执法依据明确规定行为时间和行为地点要件外的时间地点要件需要推定。

关于行为时间要件的推定。执法依据要素决定了必有执法相对人法律行为构成行为时间要素，这是因为执法依据有生效时间和失效时间，执法依据只有在有效期间其所规定的执法相对人事项要件要素才具有执行效力，这个有效期间即生效时间到失效时间之间的时间持续，这一时间持续即为执法相对人法律行为构成要件要素之行为时间要件，只有满足这一行为时间要件，即特定实行行为须在特定执法依据有效期间内发生，才能构成特定执法相对人法律行为，这是行为时间要件的一般意义。

特殊意义上的时间要件有的来自从执法组织规范作出的推定，有的源自执法事物本性的推定，还有的不需要推定，由执法依据明文规定。推定的时间要件如我国《行政处罚法》第二十九条规定，"违法行为在两年内未被发现的，不再给予行政处罚。法律另有规定的除外。前款规定的期限，从违法行为发生之日起计算；违法行为有连续或者继续状态的，从行为终了之日起计算"。从这条规定可以推定出，除法律另有规定，行政处罚相对人法律行为构成要件要素之行为时间要素为实行行为被发现之日起两年以内，实行行为发生在两年以前的，不构成行政处罚相对人法律行为。从执法事物的本性推定时间要件如依申请行政执法相对人法律行为构成要件要素申请行为要素中的申请事项要素，一般而言，即使执法依据没有明确规定，申请事项也应当具有起止时间，这一期间就属于行为时间要件。此外，依申请执法相对人法律行为构成要件要素中与申请主体、申请行为和申请对象并列的申请时间也属于行为时间要件，除另有规定外，推定申请时间要件要素为法定工作日并法定工作日的工作时间。

关于行为地点要件的推定。行政执法相对人法律行为构成要件要素之行为地点要素在执法依据没有明确规定的情况下亦应当作出推定，这是因为执法依据都具有一定的地域效力，执法依据只有在有效地域范围内其所规定的执法相对人事项要件要素才具有执行效力，这个地域范围即为执法相对人法律行为构成要件要素之行为地点要件，只有满足这一行为地点要件，即特定实行行为须在特定执法依据有效地域内发生，才能构成特定执法相对人法律行为，这是行为地点要件的一般意义。在行为地点要件的特殊意义上，其推定与执法组织要素中的地域管辖权要素有关。所有执法相对人法律事项作为执法组织处理的事项，除少数由中央执法组织直接处理外，其他绝大多数都主要基于行政区划的标准由各地方执法组织处理，相应地推定出执法相对人法律行为构成要件要素之行为地点要素。

人的行为总是与意识相关，行为意识要件是行为时间和行为地点要件外另一在法律没有明文规定时需推定的要件，所有的执法相对人法律行为构成要件要素均有行为意识要件。

关于行为意识要件的推定。人的行为在法律上可以分为有意识和无意识两种，行为意识要件也就可以区分为行为有意识和行为无意识两类。构成犯罪皆为有意识行为，无意识行为不构成犯罪。但是，在执法相对人法律行为构成上，无论是有意识还是无意识行为都可能构成执法相对人法律行为，都可能因此得到规范上的执法决定法律后果。

行为无意识可以成为执法相对人法律行为构成要件，分年龄、智力状况等。如我国《人民警察法》第十四条规定，"公安机关的人民警察对严重危害公共安全或者他人人身安全的精神病人，可以采取保护性约束措施。需要送往指定的单位、场所加以监护的，应当报请县级以上人民政府公安机关批准，并及时通知其监护人"。又如我国《行政处罚法》第二十六条规定，"精神病人在不能辨认或者不能控制自己行为时有违法行为的，不予行政处罚，但应当责令其监护人严加看管和治疗。间歇性精神病人在精神正常时有违法行为的，应当给予行政处罚"。前者可以得到一个行政保护约束执法决定，后者可以得到一个不予行政处罚执法决定和一个责令看管治疗行政命令执法决定，它们对应的执法相对人法律行为构成要件要素中即含有行为无意识要件，没有行为无意识这个要件就不构成相对应的执法相对人法律行为，就不能作出行政保护约束和不予行政处罚以及责令看管治疗的执法决定。行为无意识要件仅可能存在于个人作为行为主体的相对人法律事项构成要件要素之中，单位作为行为主体的法律事项行为意识要件不能是行为无意识。

　　行为有意识要件可以分为故意要件、过失要件等，目的要件、明知要件属故意要件。少部分执法依据直接规定行为有意识要件，如我国《行政许可法》第七十八条规定，"行政许可申请人隐瞒有关情况或者提供虚假材料申请行政许可的，行政机关不予受理或者不予行政许可，并给予警告；行政许可申请属于直接关系公共安全、人身健康、生命财产安全事项的，申请人在一年内不得再次申请该行政许可"。这一法条前半部分为特定行政许可相对人法律行为构成和行政处罚相对人法律行为构成都设定了行为意识要件，即故意，隐瞒有关情况或者提供虚假材料，这两种实行行为在行为意识上只能是故意。

直接设定过失行为意识要件的如我国《公司法》第二百零七条第二款规定,"承担资产评估、验资或者验证的机构因过失提供有重大遗漏的报告的,由公司登记机关责令改正,情节较重的,处以所得收入一倍以上五倍以下的罚款,并可以由有关主管部门依法责令该机构停业、吊销直接责任人员的资格证书,吊销营业执照"。这款规定为行政命令相对人法律行为构成和行政处罚相对人法律行为构成都设定了过失要件。

直接设定目的行为意识要件的如《营业性演出管理条例》第二条规定,"本条例所称营业性演出,是指以营利为目的为公众举办的现场文艺表演活动"。这条规定为所有营业性演出执法相对人法律事项(许可、处罚、命令等)设定了行为目的要素,即以营利为目的。

直接规定明知行为意识要件的如我国《食品安全法》第一百二十二条第二款规定,"明知从事前款规定的违法行为,仍为其提供生产经营场所或者其他条件的,由县级以上人民政府食品安全监督管理部门责令停止违法行为,没收违法所得,并处五万元以上十万元以下罚款;使消费者的合法权益受到损害的,应当与食品、食品添加剂生产经营者承担连带责任"。行为有意识要件既可以存在于行为主体为个人的法律事项构成之中,也可以存在于行为主体为单位的法律事项构成之中。

在执法依据明文规定行为意识要件时,比较容易确定,问题是在执法依据没有明文规定行为意识要件时如何确定行为意识要件。行政法不似刑法有统一的刑法典,统一行政程序法制定起来都比较困难,如刑法典一样统一行政实体法典目前看更是无从谈起。因为没有行政实体法典，就无法像刑法典那样从总则规定来推定分则构成中的行为意识要件。刑法总则排除行为无意识犯罪，将犯罪构成中的行为意识要件限定在故意和过失，并且规定过失犯罪法律有规定的才负刑事责任，因此可以推定出法律未明确规定某一犯罪构成行为意识要件的，该犯罪构成行为意识要件为故意，而在行政法上则无法作出这样的推定。

那么能否依据行政法有利于相对人的原则对行为意识要件作出推定呢？如果采有利于相对人原则推定行为意识要件，造成的结果是很多行政执法不能进行，违背特定行政法律立法目的，还会造成负担行政执法与授益行政执法推定标准不统一，甚至推定的结果是荒谬的。基于行政执法的依法、绩效和简明原则，执法依据未明确规定特定执法相对人事项行为意识要件的，可以认为行为有意识或者行为无意识均可为该事项行为意识要件，均可构成该事项，只有这样推定才可能对行为意识要件的确定问题在行政执法上作出统一解释。这样推定也反过来要求执法依据在制定时应当更加科学、完善。

关于实行行为要件的推定。在本节第二题我们明确了每一个执法事项的辨别标志，即每有一个法定实行行为要件和与之对应的执法决定要素就有一个执法事项，实行行为和执法决定要件要素是必备的执法事项要素，两者缺一不可，这在绝大部分行政法中都是明确规定的，但是，在极特殊极少情况下也存在仅规定执法决定要素，将与之对应的实行行为要件加以缺省的情况，此时需要运用推定方法将实行行为要件加以确定，比较明显的例子就是，我国《行政处罚法》第二十五条规定，"不满十四周岁的人有违法行为的，不予行政处罚，责令监护人严加管教……"，这一规定包含两个执法决定，行政处罚决定和行政命令决定。对于行政命令决定而言，其行为主体即不满十四周岁的人的监护人的实行行为要件规定缺失，在对人执法中，没有实行行为就不能有执法决定，所以需要将缺失的实行行为要件以推定填补确定，这里的实行行为要件应推定为疏于管教，至于行为对象和行为结果要件，这一法条已经明确规定，行为对象为不满十四周岁的被监护人，行为结果为被监护人违法。

以上以行为时间、行为地点、行为意识和实行行为要件推定为例讨论了一般的隐含推定要件，下面以民事行为能力要件推定为例来讨论特别的隐含推定要件。

关于民事行为能力要件推定。在依申请的行政执法中，特别是赋予公民特定资格的行政许可中，申请行为要件之申请事项要素如具有民事性质，需要从事民事活动，则该执法相对人法律行为构成要件中通常得有民事行为能力要件，在法律、法规、规章没有明确规定时，应当以推定确定。法律明定民事行为能力要件的如我国《民办教育促进法》第十二条规定，"举办实施学历教育、学前教育、自学考试助学及其他文化教育的民办学校，由县级以上人民政府教育行政部门按照国家规定的权限审批；举办实施以职业技能为主的职业资格培训、职业技能培训的民办学校，由县级以上人民政府人力资源社会保障行政部门按照国家规定的权限审批，并抄送同级教育行政部门备案"。第十条规定，"举办民办学校的社会组织，应当具有法人资格。举办民办学校的个人，应当具有政治权利和完全民事行为能力。民办学校应当具备法人条件"。两个法条中第十二条设定了民办学校设立许可事项，第十条设定了民办学校设立许可事项相对人法律行为构成要件之民事行为能力要件，即作为行为主体的申请民办学校的社会组织、个人应当具有法人资格、完全民事行为能力。

需要以推定方法确定民事行为能力要件的如我国《个体工商户条例》设定了个体工商户行政登记，但是并没有设定个体工商户行政登记相对人法律行为构成要件之民事行为能力要件，需要以推定确定。仅就个人个体工商户行政登记而言，通过行政登记成为个体工商户的个人按照登记内容从事工商业活动，系民事行为，依照我国民法总则应当具有完全民事行为能力，我国《民法总则》第十八条至二十二条对民事行为能力作出了规定。以此推定，个人个体工商户行政登记相对人法律行为构成要件中应当具有民事行为能力要件，在这里为完全民事行为能力要件。需要注意的是，这一民事行为能力要件不能完全从我国《禁止使用童工规定》第二条第三款"禁止不满16周岁的未成年人开业从事个体经营活动"推定，这个规定所述情形在民法上只是不具有完全民事行为能力情形的一部分，童工与不完全民事行为能力人是不同的法律概念。

作为执法依据的行政法体系与其他法律体系相比，一个显著特点就是数量极大，内容非常复杂，而且行政执法有的时候还涉及民事法律和刑事法律，从行政执法的依法、绩效、简明原则要求来看，尽最大可能将推定要件变成规定要件是非常必要的，这显然有利于大幅提高行政执法质量效率，也有利于以行政执法正确实施法律。将推定要件变成规定要件不仅是一个理论问题，更是一个实践技术问题，是行政执法技术，首先要制定执法技术规范，当前开展的各类行政执法事项"清单"工作是一个有利的契机，在这一工作中深入研究执法组织方面的要件要素和执法相对人方面的要件要素，将规定的要件要素梳理出来，将推定的要件要素通过"清单"固定下来，这将显著有利于将来的行政执法工作。

某些要件要素虽然不是特定执法相对人法律事项构成要件要素，但可以是裁量要件要素。比如某一执法相对人法律事项在法律、法规、规章和行政规定中都没有规定行为结果要素，也不能推定出行为结果要素，但在实际执法中，只要该事项在社会意义上具有行为结果要素，执法组织仍可以根据行为结果进行决定裁量，这时行为结果要件是一种非成文的裁量要件。当法律、法规、规章将这一行为结果要件纳入执法相对人法律事项时，该行为结果成为该事项的构成要件。当行政规定将这一行为结果要件纳入执法相对人法律事项时，该行为结果成为该事项的裁量要件，基于行政规定不得设定构成要件的逻辑，以行政规定设置的行为结果要件只能是裁量要件而不能是构成要件（注意与本节第五题内容区分）。

第八题 阻却决定的要件要素确定

在上一节中分析了与构成要件密切相关的阻却要件，将其分为两类，一类是与构成要件相反的阻却要件，另一类是法律特别规定的阻却要件,这两类阻却要件在行政执法上既可以是执法组织角度的阻却要件,也可以是执法相对人角度的阻却要件,它们都对应特定决定类型。对于与构成要件相反的决定阻却要件,构成要件确定阻却要件即可确定。

例如,上面举过一个例子,我国《行政处罚法》第二十五条规定,"不满十四周岁的人有违法行为的,不予行政处罚,责令监护人严加管教;已满十四周岁不满十八周岁的人有违法行为的,从轻或者减轻行政处罚"。这条法律规定了行政处罚决定对应的执法相对人法律行为构成要件要素中的行为意识要件中的责任年龄要素为年满十四周岁,这意味着同时规定了行政处罚决定的阻却要件,即不满十四周岁。

从执法组织角度规定阻却要件如我国《产品质量法》第八条规定,"国务院市场监督管理部门主管全国产品质量监督工作。国务院有关部门在各自的职责范围内负责产品质量监督工作。县级以上地方市场监督管理部门主管本行政区域内的产品质量监督工作。县级以上地方人民政府有关部门在各自的职责范围内负责产品质量监督管理工作。法律对产品质量的监督部门另有规定的,依照有关法律的规定执行"。这条法律确定了产品质量执法决定对应的执法组织要件要素中的组织权限要素为具有产品质量监督职责,这意味着同时规定了产品质量执法决定的阻却要件,即没有产品质量监督职责。

以上两例都是阻却要件为构成要件的相反要件的例子,一旦出现这样的要件,规范上的特定执法决定就不能作出。下面再举一例不属于构成要件相反要件而是由法律特别规定的阻却要件。

　　例如，我国《行政强制法》第二十三条规定，"查封、扣押限于涉案的场所、设施或者财物，不得查封、扣押与违法行为无关的场所、设施或者财物；不得查封、扣押公民个人及其所扶养家属的生活必需品。当事人的场所、设施或者财物已被其他国家机关依法查封的，不得重复查封"。这条法律规定了查封、扣押执法决定的阻却要件，这些阻却要件与查封、扣押执法决定的构成要件没有关系，既不是查封、扣押执法决定在执法组织角度的组织、依据、根据、证据、理由要件要素的相反要件，也不是查封、扣押执法决定执法相对人法律行为构成要件的相反要件，其之所以成为决定阻却要件是基于法律的特别规定。

　　执法决定的阻却要件在法律体系中的确定方法与上几题执法相对人法律行为构成要件要素确定方法相同。

　　执法决定阻却要件对于执法案件中的执法决定作出而言是一个重要的执法要件类型，在后面有关行政执法证明责任的讨论中将会再次提到。

　　采用上列方法确定要件要素的前提是执法规范之间不存在冲突，如果存在冲突，应当先依照上一本书关于规范冲突解决方法的讨论确定执行的规范，然后再采用本节方法确定要件要素，这是需要注意的。

第九题　决定阻却要件要素转化为决定构成要件要素

　　在上一节中同样提到过阻却要件转化为构成要件的问题，在行政执法上一样存在。决定阻却要件的主要功能在于阻却特定构成要件对应的特定决定，其次要功能在于构成功能，可以转化为某一决定的构成要件。这里的某一决定可能指向与法律直接规定的构成要件相对应的规范决定，这类由阻却要件转化的构成要件称之为单要素构成要件，也可以指向与法律直接规定的构成要件相对应的规范决定相关联的另一决定，这类由阻却要件转化的构成要件称之为全要素构成要件。在这里就体现出了法律直接规定的构成要件与由阻却要件转化的构成要件在构成功能上的不同，后者可以是一种非全要件要素的概念。

单要素构成要件。凡是由法律直接规定的构成要件都应当是一种全要件要素概念，但是，作为并非由法律规范直接规定而是由阻却要件转化而来的构成要件则可能是单要素概念。这类阻却要件转化的构成要件是一种简单构成要件，这意味着，只要具备一个或者少数几个构成要件就可以对应一个规范决定，不要求具备全部的执法要件。这种构成要件：①是由阻却要件转化的。②该阻却要件与法律规范直接规定的构成要件共同指向某一规范决定。③构成效果通常为这一规范决定的相反决定。单要素构成要件是阻却要件转化为构成要件的主要形态。

全要素构成要件。这类由阻却要件转化的构成要件与法律直接规定的构成要件没有本质不同，都是一种全要件要素概念，这种构成要件：①是由阻却要件转化的。②该阻却要件与法律规范直接规定的构成要件共同指向某一规范决定。③构成效果通常为这一规范决定的相关决定。

举一例说明上述两类情况，为了便于理解仍沿用上一题的一个法条。

例如，我国《行政处罚法》第二十五条规定，"不满十四周岁的人有违法行为的，不予行政处罚，责令监护人严加管教……"。这条规定"不满十四周岁的人有违法行为的，不予行政处罚"属于第一类情况，决定类型为行政处罚决定。"不满十四周岁的人有违法行为的……责令监护人严加管教"属于第二类情况，决定类型为行政命令决定。

前者在行政执法相对人要件方面确定"不满十四周岁"这一行政处罚阻却要件和"有违法行为"这一行政处罚构成要件（法律直接规定的），就构成"不予行政处罚"这一执法决定，不需要确定其他行政处罚要件。这里的"不予行政处罚"构成要件有两个，其中"不满十四周岁"构成要件是由阻却要件转化的构成要件，是一种单要素构成要件概念。"不满十四周岁"单要素构成要件对应的不予行政处罚决定是与"年满十四周岁"这种法律直接规定的构成要件对应的予以行政处罚决定相反的决定。

后者在行政执法相对人要件方面围绕监护人未履行或未完全履行监护职责来确定行政命令相对人行为时间、行为地点、行为意识、行为主体、实行行为、行为对象、行为结果、因果关系等全要件要素，以对应责令严加管教这一行政命令决定类型。在这里，"不满十四周岁"是行政命令相对人行为对象构成要件之行为年龄要素，其是由行政处罚相对人构成要件行为年龄即"年满十四周岁"的阻却要件转化过来的构成要件要素，转化成了与"不予行政处罚"相关的"责令监护人严加管教"这一行政命令构成要件的一部分（相关性在于没有前者就没有后者），显然要构成行政命令在相对人方面仅有行为对象构成要件之行为年龄要素是不行的。

第十题　关于行政执法要件要素结构的总结

正如前文所述，行政法对作为国家权力的行政权采取执法组织角度和执法相对人角度的双层规制，前者偏重于程序规制，后者偏重于实体规制，将这两种规制转化为要件要素规制就会发现，行政执法上的要件要素远比民法上的法律要件和刑法上的犯罪构成要件复杂，有必要单独一题做图表梳理，这里梳理三个层次，即行政执法要件要素结构，执法决定要件要素结构，执法决定构成要件要素结构。

行政执法要件要素包括执法组织、依据、根据、证据、理由、决定，来源于法规范，分别对应法律规范的构成要件和法律后果，其结构如下：

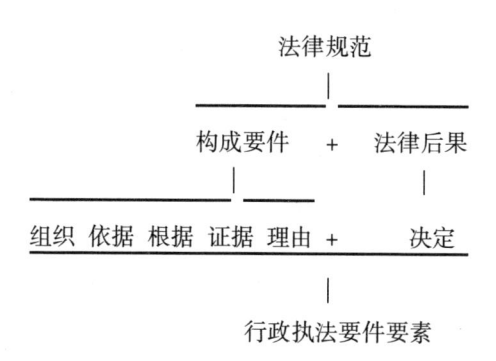

```
                    法律规范
        _____|_____
                        |
              构成要件  +  法律后果
        _____|_____
                        |
       组织 依据 根据 证据 理由  +  决定
                        |
                 行政执法要件要素
```

这里的法律规范是执法组织角度的法律规范，这里的组织、依据、根据、证据、理由、决定要件都是执法组织角度法律规范所规定的规范上的行政执法要件要素，是每一个行政执法必须具备的要件要素，但并不充分，在一些特定的执法活动中，还需要其他要件要素，比如前文提到的在行政处罚这一执法活动中还需要告知要件等。

这一要件要素结构的意义在于从总体上把握法律规范所规定的执法活动的要件要素，作为进一步认识要件要素的起点。可以简单地将这些要件要素理解为，基于法律规范的规定，每一执法活动都必须有这些要件要素，缺失任何一个要件要素都不构成行政执法这一事物。当然，每个要件要素作为行政执法学上的概念，远比这一简单理解复杂，这些要件要素之间有着相互交叉的复杂关系，比如决定要素可以存在于组织、依据、根据、证据要素和理由要件之中等。

行政执法决定要件要素结构是在行政执法要件要素内部进行的一种结构性区分，这种区分以行政执法决定为中心，形成如下结构：

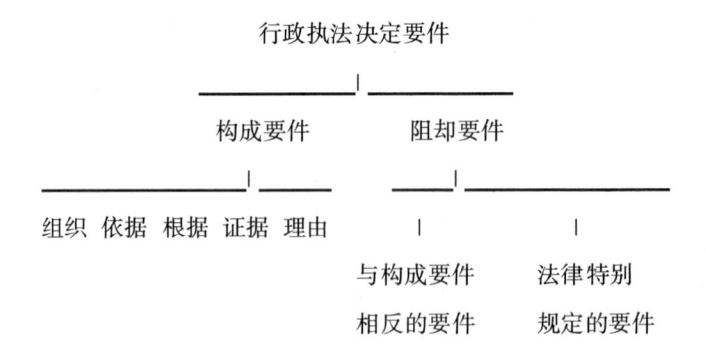

```
                    行政执法决定要件
            _____|_____
           |                              |
        构成要件                       阻却要件
    _____|_____                    _____|_____
   |             |                  |             |
组织 依据 根据 证据 理由           |             |
                              与构成要件      法律特别
                              相反的要件      规定的要件
```

行政执法是以执法决定为中心的活动，要作出执法决定必须以构成要件这一法治法律思维方法为根据。构成要件理论本身包含阻却要件理论，但在法规范要件分类上，构成要件与阻却要件是两类不同要件。这一结构告诉我们，要作出一个执法决定，必须同时考虑法律规范构成要件和阻却要件两类要件。

行政执法决定构成要件要素结构是构成行政执法决定必不可少的各种要件要素之间的结构，每一构成要件要素下面又有多个细分要素，比较复杂，仅以依据要件为例表示构成要件内部结构：

```
              行政执法决定构成要件
        _____|_____
         组织   依据   根据   证据   理由等程序要件
        _____|_____
        执法相对人法律        执法相对物法律
        行为构成要件          事实构成要件（单纯物）
        _____|_____
        行为时间 行为地点 行为意识 行为主体 实行行为 行为对
            象 行为结果 因果关系要件……
```

行政执法相对人法律行为构成要件是本书从行政执法解释角度探讨的重点，这一构成要件是法律从执法组织在现实执法过程中面对各类执法事项所抽象出来的要件，是执法组织面对的需要处理的执法相对人事项法定构成要件。这类法规范主要是执法相对人法律行为规范所规定的要件，对执法组织实际执法活动具有特别重要的指导意义。

执法相对人法律行为要件要素是否如三阶层犯罪构成要件那样有递进的逻辑结构呢？从实现行政执法原则的角度看，也就是从实现行政执法依法、绩效、简明的角度看，执法相对人法律行为要件要素应该有逻辑结构，但不一定是三阶层递进式逻辑结构，这种结构对于大多数执法人员来说还是有些复杂，并且这种逻辑结构只适用于与犯罪构成有一定类似性的行政处罚相对人法律行为构成，正因如此，笔者在《行政执法重点实务业务工作》一书中将犯罪构成行为的符合性、行为的违法性、行为的有责性这种三阶层要件结构改造移植确定为行政处罚相对人法律行为要件逻辑结构。

现在的问题是，要探讨对于所有执法相对人法律行为构成都适用的要件要素结构，而不仅仅针对行政处罚，这里要对不同的执法决定对应的要件要素逻辑结构作一个统一的解释，而且这种统一的逻辑结构还必须在执法实际中便于使用。

在本书中，基于上面的行政执法决定要件结构，确定执法相对人法律行为要件结构为两类要件之间的结构，即构成要件与阻却要件之间的结构，这种结构简便明了，便于操作，符合行政执法原则要求。构成要件与阻却要件的分类能够涵盖所有执法相对人法律事项要件，适用于所有执法类型要件分类，包括行政处罚相对人法律行为构成符合性、违法性和有责性三阶层结构分类，构成要件相当于符合性要件，阻却要件相当于违法性和有责性要件之和，可以将行政处罚三阶层要件看作行政执法决定构成要件与阻却要件两分法在行政处罚领域的细化和个别化。

行政执法解释在对法律文本解释的层面正如以上分析，主要是对行政执法法律规范的要件化解释问题，即将法律规范合理地分解为若干要件要素，特别是解释确定这些要件要素的方法，而主要不是对行政法法律概念进行解释，这属于法律解释问题，这一问题的解决正如在上一章第一节第一题中所讨论的那样，需要遵循法律解释的一般规律，对法律文本所表示的法律概念的解释以行政执法视角依照行政执法原则要求，主要是一个立法问题而不是执法问题。

至此，关于法律规定的要件确定问题择其要者进行了分析归纳，下面将探讨这些要件在具体现实执法活动中的确定问题，也就是在个案中确定要件事实以作出正确的案件决定的问题。

第三节 案件上的构成要件要素事实之确定

行政执法案件不能作狭隘理解，其作为现实中的行政执法事项，凡特定执法组织之外的人、物参与执法程序并被执法组织作为一件独立的事处理，形成一个执法决定，纸上的执法事项便成为现实的执法案件。举个简单例子，两名执法员上街巡查，发现某店主占道经营，要求其移除占道物（行政命令决定），店主按要求移除了，这件事就完结了，这就是一个执法案件。同一次巡查又发现另一店主占道经营，同样处理情形则又是另一个案件。

上面的例子中，两名执法员表示案件事实中的执法组织要素，店主的物品在人行道上的状态是执法根据要素，检查笔录或者照片、执法记录仪的影像等是执法证据要素，要求其移除占道物是执法决定要素，执法组织对占道经营行为应当予以责令改正的法律、法规、规章规定是执法依据要素。在这个案件中，从存在的角度说，依据要素是案件要件要素事实，即任一执法案件必须有执法依据，从价值的角度说，依据要素（广义）在内容上规定前面的执法组织、根据、证据、决定要素，它们之间形成的演绎逻辑关系是这一案件的执法理由要件。这些案件中的要件要素是一种存在的事实，在理论上通常被称为要件事实，在实践上通常被称为案件事实，这不同于要件事实所对应的法律规范上规定的要件，法律规范上的要件是对案件事实的抽象，是对事实性质的规定。

所谓案件上的构成要件要素之确定，就是在执法案件办理过程中，将案件事实与规范上的决定构成要件相对应，案件事实是规范上的要件所指事实或者不是规范上的要件所指事实即可确定。从规范—事实这个角度说，就是在案件办理过程中，依照规范上的决定构成要件指示运用取证权分要件确定案件事实，认定行政执法事实根据。

第一题　案件要件事实确定是作出执法决定的小前提

作出行政执法决定，必须满足构成要件，所谓的"满足"即是在案件中确定与规范上的决定构成要件对应的事实，这种对应关系是在行政执法里由演绎逻辑关系中实现的，根据上面的分析，下面将规范上的决定构成要件，规范上的决定要素，案件中的决定构成要件事实，案件中的决定要素之间的演绎逻辑关系用图表形式明确地表达出来。

执法组织角度：

```
大前提：规范上的决定 构成要件 ──→ 规范上的决定
     ────────┼────────        │
       组织 依据 根据 证据 理由       │
        │   │  │  │  │        │
       组织 依据 根据 证据 理由       │
       事实 事实 事实 事实 事实       │
            │                │
小前提：案件中的决定构成要件事实 ──→ 案件决定
```

执法相对人角度：

```
大前提：规范执法相对人法律行为构成要件 ──→ 规范决定
     ──────────────┼──────────────       │
    行为时间 行为地点 行为意识 行为主体 实行行为……  │
      │    │    │    │    │        │
    行为时间 行为地点 行为意识 行为主体 实行行为    │
     事实   事实   事实   事实   事实……    │
                │                    │
小前提：案件执法相对人法律行为构成要件事实 ──→ 案件决定
```

从上面的图表可以看到，案件决定与案件要件事实和规范决定直接相关，与规范要件间接相关，如果不在个案中确定与规范上的构成要件相对应的事实则相应执法决定不能作出。这个道理对案件中的阻却要件事实确定也适用。

第二题　案件要件事实确定是事实是否存在以及是否具有对应于规范上的构成要件所指示的性质

案件要件事实确定至少包括事实存在与性质归属两个方面，分解开就是事实存在且具有规范要件所指示的性质，事实存在不具有要件性质，事实不存在，这三种情况均为案件事实确定。这种分类实际上就是在上一章第一节中所探讨的行政执法上的"有"和"是"的问题，事实存在且具有规范要件所指示的性质为"有"且"是"，可以简称为"是"，事实存在但不具有要件性质为"有"且"不是"，事实不存在为"没有"。关于这个问题按照前文所述理解，不再展开。需要注意的是，"有"与"是"的判断是案件办理过程中的判断，在案件办理完结的状态下即结案时，所有的案件事实都是"有"且"是"，不存在"没有""不是""可能有""可能是"的问题，案件办理过程就是不断向"有"且"是"确定的过程。"没有"和"不是"都转化为"有"和"是"，"可能有"与"可能是"也转化为"有"和"是"的确定状态（见下一节）。当然，在案卷记载上，无论是"有"和"是"还是"没有"和"不是"或者"可能有"和"可能是"，这种关于案件事实的判断过程都应当被完整地记录下来。

案件事实确定还指向该案件所对应的规范上的执法事项要件要素所对应的案件要件事实的"数量"。在上一本书中探讨规范上的构成要件时特别强调了它的整体性，这就涉及规范上的执法事项与其构成要件要素之间的关系，执法事项由要件要素构成，每一个要件要素都是特定执法事项这一整体的要件要素，离开了这个整体，要件要素就不成为要件要素，同样，缺少任一法定的要件要素，特定的法定执法事项也不能成为该执法事项，与该法定执法事项对应的执法案件要件事实如果缺少自然也不能成为该案件，不能作出案件决定。因此，案件事实确定还包括要件事实数量的确定，法定执法事项规定了几个要件，对应的执法案件要件事实就应对应地有几个，只能多不能少，如果缺少则案件决定不能作出。一般而言，在案件要件事实数量上是一种"一无俱无"的状态，即缺少任一案件要件事实，则案件事实为"无"。当然，这种全要件要素事实的状态也是结案时的状态，案件办理过程本身就是从案件要件事实不完全向完全转化确定的过程。

要件事实确定既包括构成要件事实确定，也包括阻却要件事实确定，基于前文讨论的阻却要件可以转化为构成要件，同样阻却要件事实也可以转化为构成要件事实，为了表述方便，经常会用构成要件来指代阻却要件，用构成要件事实来指代阻却要件事实，当用要件和要件事实表述的时候，通常既指向构成要件及其事实也指向阻却要件及其事实。

第三题　案件要件事实确定是指达到该事实之证明标准

在上一本书中讨论过作为执法根据的案件要件事实的证明标准，在行政执法上，证明标准是要件事实是否被确定的衡量标准，是无论采取哪种方法确定要件事实都要达到的衡量标准，要件事实达到证明标准即为确定，未达到证明标准即为不确定。

通常，对于证明标准的讨论是以决定类型为基础的，不同决定类型的证明标准不同，也就是不同决定类型对应的要件事实被确定的标准不同。在上一本书中通过讨论，认为英美法系国家的证明标准比较切合行政执法决定类型多样化、复杂性特征，适合参照改良作为行政执法的证明标准，并且逐个讨论了证明标准对应的执法决定类型，这里不再重复。本书想要讨论的是，证明标准与构成要件事实分类之间的关系，是对证明标准与决定类型对应这一分析的深化。在证明标准与决定类型对应这一层次里，证明标准是决定类型对应的所有构成要件事实确定的一个概括性统一标准，而这里讨论的是不同构成要件事实应当达到的确定标准，更加具体深入。

在讨论证明标准与构成要件事实分类之间的关系之前，截取上一本书所述英美法系国家的证明标准作为讨论的前提。

"第一等是绝对确定，由于认识能力的限制，认为这一标准无法达到，因此无论出于任何法律目的均无这样的要求；第二等即排除合理怀疑，为刑事案件作出定罪裁判所要求，也是诉讼证明方面的最高标准；第三等是清楚和有说服力的证明，在某些司法区在死刑案件中当拒绝保释时，以及作出某些民事判决时有这样的要求；第四等是优势证据，作出民事判决以及肯定刑事辩护时的要求；第五等是合理根据，适用于签发令状、无证逮捕、搜查和扣押，提起大陪审团起诉书和检察官起诉书，撤销缓刑和假释，以及公民扭送等情况；第六等是有理由的相信，适用于'拦截和搜身'；第七等是有理由的怀疑，足以将被告人宣布无罪；第八等是怀疑，可以开始侦查；第九等是无线索,不足以采取任何法律行为。"

以这九类证明标准为前提对一些重点构成要件事实对应的证明标准问题进行讨论。

首先,执法组织权力行使方面的构成要件事实确定标准除执法根据要件事实外要达到绝对确定。

在上一本书中曾谈到绝对确定是一般人可以理解接受的程度的含义,在行政执法解释上指向本书行政执法解释准则章节中所讨论的行政执法理论和常识,一方面是执法组织基于执法理论、常识和法律理论、常识对案件要件事实的认定,另一方面是一般理性社会人基于社会常识对上述认定的理解接受。绝对确定作为证明标准指向法律真实而非客观真实,所有的证明标准问题都应当在法律真实的基础上讨论。客观真实作为一种自然和社会全要素概念,在法律上既不必要也不可能。

执法组织方面的组织、依据、证据、理由要件事实确定标准不可能是排除合理怀疑、清楚和有说服力的证明等其他标准,其他标准都是执法组织对未曾经历的事实的确定标准,而执法组织方面的要件事实均为执法组织亲历,记录在案形成行政执法材料。执法组织方面的要件事实"有"还是"没有","是"或者"不是"对于亲历并有记录的执法组织而言都应当达到绝对确定。理由要件事实作为一种关系要件事实在行政执法中采"三段论"演绎逻辑关系,这种关系也属于绝对确定标准。

其次,执法相对人法律行为方面的构成要件事实,作为与执法组织权力行使方面的执法根据要件事实对应的构成要件事实的确定标准稍显复杂,可以分为两类,一类是实行行为要件事实的确定标准，另一类是实行行为以外的其他要件事实确定标准。

实行行为要件事实确定标准。如系执法组织亲历，通常应当达到绝对确定标准，尤其是在依申请的行政执法中。执法组织亲历主要是指执法组织在案件现场发现的实行行为要件事实，如执法人员目睹违法行为、执法人员现场接受相对人申请材料、现场核查之类。这类实行行为要件事实除需要进一步查明的外，应当达到绝对确定标准。如系执法组织未曾经历的实行行为要件事实，或者虽亲历但需进一步查明实行行为要件事实的确定标准，要结合决定类型确定，具体参考上一本书相关讨论。

实行行为以外的其他要件事实确定标准。这类要件事实确定标准一般都应当达到绝对确定标准，比如行为对象要件事实，在行政处罚中行为主体对哪个物理存在实施了实行行为，在行政许可中申请主体对哪个组织实施了申请行为，这都应当是绝对确定的，尤其是执法组织亲历的要件事实，但基于行政执法的绩效原则也应当允许有例外。

对于行为时间、行为地点要件事实，如难以精确到点位，除连续或者继续状态的行为时间要件事实等影响执法组织管辖权的情况外，在执法组织属时管辖和属地管辖范围内也可确定一个时间段和地域范围，此种情况行为时间、行为地点要件事实确定标准宜达到合理根据以上。行为主体要件事实在负担行政执法中应达到排除合理怀疑，在授益行政执法中可采清楚和有说服力的证明。行为意识要件事实应当达到优势证据以上等。

最后，阻却要件事实确定标准。与构成要件相反的阻却要件事实的确定标准与对应的构成要件事实确定标准相同，法律特别规定阻却要件事实确定标准宜在优势证据以上。

作为案件要件事实确定标准的证明标准归根结底是一个法律规定的问题，是对任意确定案件要件事实的控制性标准，只有法律有明确规定，执法过程中的各方，执法组织与执法领导者、指导者、监督者才能有一个明确一致的确定事实标准，否则就可能各执一词，造成事实认定和法律执行困难。而在行政法律上，针对执法决定类型和要件类型的事实证明标准规定可谓少之又少，由于行政法的复杂性，行政法律也不可能对证明标准规定得面面俱到，对于缺失的证明标准授权行政执法技术规范补充是一种现实的选择。另外，证明标准对于复杂的行政执法来说也不可能规定得整齐划一，更不能将行政诉讼法"证据确凿"的规定当作行政执法证明标准，这个问题上一本书中讨论过。

证明标准在执法办案中必须且不宜裁量，法律又缺失规定，这种情况下在确定证明标准时除了考虑上面和上一本书有关讨论外，也要综合考虑以下因素。一是可采绝对确定标准的优先采用绝对确定标准。二是不可采绝对确定标准的，在可采证明标准范围内优先采用更高证明标准。三是基于决定类型的证明标准与基于要件事实的证明标准相冲突时，前者优先。四是执法能力高者可采较低证明标准，执法能力低者可采较高证明标准。五是证明标准针对的事实是执法组织穷尽全部案件事实确定方法之后得到的案件事实。

总之，无论采哪种证明标准都是为了确定要件事实，作出正确执法决定。所谓正确执法决定从要件事实来说就是没有阻却要件事实，证明标准都可以看作没有决定阻却要件事实的"可能性"，这种可能性达到绝对确定能够最大限度地保证正确执法，这是我们应当追求的。实际上大部分执法案件都是比较简单的，绝对确定的证明标准是可以实现的，只有少数疑难复杂案件和"过程性"执法决定的事实确定才会涉及其他证明标准的问题，这类证明标准由于不是绝对确定的，基于它们确定的案件事实是一种"视为"确定的案件事实。

下面，将用三个题目的篇幅讨论要件事实确定的三种基本的方法，分别是证据方法、推定方法、认知方法。

第四题 以证据方法确定案件要件事实

以证据方法确定案件要件事实是最重要的要件事实确定方法，行政执法确定要件事实以证据方法为原则，以推定、认知等免证方法为例外。以证据方法确定要件事实涉及证据要素本身以及取证、举证、质证、认证等法律问题，这里主要讨论证据的要件分类和行政执法取证、举证问题，在讨论过程中一并讨论执法案件要件事实的确定义务问题。

证据在形式上的分类如法律规定，可分为书证、物证、证人证言等，在实质上，其中一个具有重要实践意义的分类方法是按照规范要件分类，比如证明执法组织要件要素的材料、证明执法相对人法律行为构成行为主体要件的材料等。执法办案很大程度上都是围绕规范要件分类运用取证权收集证据以证明案件要件事实的过程。某一规范要件在案件中没有证据证明且该要件事实不属于免证事实，则该事实未在案件中被确定，案件决定不能作出，而证据的形式分类在案件中没有全部体现时如没有证人证言只有书证物证则不会产生这样的效果，可见按照要件种类区分证据种类这种证据分类方法的重要性。关于行政执法证据在上一本书中重点讨论过，除了要符合法律规定外，其作为执法材料还需遵循本书上一章讨论的"具有材料支撑"准则。

执法组织要在案件中作出决定就要形成执法理由，要形成执法理由就要确定案件要件事实，要确定案件要件事实就要取得证据，要取得证据就必须具有取证权，因此法律授予执法组织很多诸如证据先行登记保存、查封扣押等调查取证权。在行政执法中，尽管执法组织有大量有力的调查取证权，但这并不意味着执法证据一概由执法组织单方取得，有些证据得由执法相对人、相关人或其他人员提出，这就涉及证据取得、提出义务的分配问题，而构成要件是这一分配问题的基础。

先讨论一下法律上的举证和取证问题，再讨论行政执法中基于构成要件的举证和取证问题。

提出证据在法学和法律上被称为举证，举证与法律上的主张相关。法律上的主张可以指向法律权利义务，称为法律主张，也可以指向法律事实，称为事实主张，两者是相关联的，后者是前者的前提。主张法律权利或法律义务，在法律上被归结到法律规范"构成要件 + 法律后果"之法律后果中。谁要主张法律规范所规定的法律后果（法律主张），谁就必须主张与该法律后果对应的构成要件所指向的事实（事实主张），而事实需要由证据予以证明（确定），因此，主张法律后果的人有义务就满足构成要件事实提出证据，即通过证据证明构成要件事实"有"且"是"，除非这种事实不需要证据证明即能确定。否认这一法律后果的人（法律主张），应当主张该法律后果对应的阻却要件事实（事实主张）并举证，即通过证据证明阻却要件事实"有"且"是"，除非这种事实不需要证明即能确定。如果举证义务人不能举证，则相应事实被推定为确定，对该事实的主张不能成立，与事实主张相对应的法律主张不能实现。这就是"谁主张、谁举证"这一举证原则的一般含义。可以看到这一原则与法律规范构成要件紧密相关。

举证（义务）倒置是"谁主张、谁举证"这一举证原则的例外，其必须基于法律的特别规定，它是指主张法律后果的人有义务就该法律后果部分构成要件事实举证，另一部分构成要件事实基于法律的规定，由他人举证（主要是相对方），即自己无法律义务对这部分构成要件事实举证，他人有法律义务对这部分构成要件事实举证，如果他人对这部分构成要件事实不能举证，则推定这部分构成要件事实确定。一般不存在完全的举证倒置，即提出法律主张的人对其主张的法律后果对应的构成要件事实不负任何举证义务的情况，亦有例外（见下文）。

与举证（义务）相关联的是举证责任，是指有举证义务的人不能提出证据或者虽然提出证据但不能证明要件事实所承担的责任，在诉讼法中这种责任被称为不利后果，实质上就是在举证义务人不能用证据证明要件事实的情况下，依照法律规定推定该要件事实确定，根据该要件事实确定情况产生对应的法律后果,这种法律后果对举证义务人来说一定是不利的,因为这是一种义务未履行所对应的责任。举证责任可以概括地放在"谁主张、谁举证"这一概念中理解,但在与举证义务和证明责任(见下节)等概念区别时,有单独拿出来理解的必要。

没有举证责任倒置的问题,有倒置问题的只是举证义务。举证可以规定为权利,但在本质上举证是一种义务,所以举证义务倒置可以称为举证倒置。而举证责任则是举证义务不能履行时应当承担的法律责任,法律责任无法倒置,它是由法律直接规定的。法律和司法解释上所谓的举证责任倒置实际是举证义务倒置或者说举证倒置。虽然在法理学上义务与责任有时是一个意思,可以通用,但这里还是区分开为好。要注意的是,上述涉及的事实都是指确定的事实,这与下一节讨论的证明责任涉及的要件事实状态不确定有区别,同时也要结合下一节内容来理解这里的举证和举证责任。

"谁主张、谁举证",举证义务,举证义务倒置,举证责任这些概念在行政执法中都存在。

但凡谈到举证,就涉及举证对象,即向谁提出证据。在诉讼中,是向作为裁判者的法院举证,这种情形举证一定存在,但在行政执法中,举证是不一定存在的。基于行政执法的绩效原则,只有在法律有规定的情况下,执法组织才负有向执法相对人或者社会公众举证之义务,比如行政执法听证。也就是,要将取证与举证分开,基于证据是行政执法的基本要素,执法组织一定有取证义务,但不一定有举证义务。两者也是有联系的,取证是举证的前提,并且在通常情况下,有举证义务的人也有取证义务，即"谁举证、谁取证"，例外的情况如我国《行政诉讼法》第四十条规定，"人民法院有权向有关行政机关以及其他组织、公民调取证据。但是不得为证明行政行为的合法性调取被告作出行政行为时未收集的证据"。第四十一条规定，"与本案有关的下列证据，原告或者第三人不能自行收集的，可以申请人民法院调取：（一）由国家机关保存而须由人民法院调取的证据；（二）涉及国家秘密、商业秘密和个人隐私的证据；（三）确因客观原因不能收集的其他证据"等。

无论取证还是举证，它们存在的根源都在于对要件事实证明（确定）的义务，由于将证明事实的方式主要规定为使用证据证明，这便将证明事实的义务演化成取证和举证问题。上述这些概念将在下面的讨论中使用到。

在行政执法上，执法决定是一种法律主张，当然也要遵循上面的原理，但也有一些变化。

首先，执法组织要作出一个执法决定必须满足该决定对应的构成要件事实，即将各种涉案事实确定为"有"且"是"这种要件事实（认定执法根据）。同时，基于"谁主张、谁举证"和"谁举证、谁取证"，执法组织对其案件决定构成要件事实的确定负全部取证义务（取得执法证据），即对规范决定对应的执法组织和执法相对人方面的各种构成要件对应的案件事实确定负使用证据证明义务，以证据证明涉案事实是执法依据所规定的构成要件指向的事实（形成执法理由），以作出行政执法决定。不能取得特定构成要件事实证据或者虽有证据但不能将涉案事实予以确定的，不得作出相应案件决定。在法律有规定的情况下执法组织还负有举证义务,如行政执法听证、行政复议诉讼等。

其次,执法相对人向执法组织提出法律权利义务主张,也需要满足该法律主张对应的构成要件事实,但执法相对人不负有对构成要件事实确定之义务,该义务由执法组织负担。除法律另有规定外,执法相对人应就其法律主张对应的构成要件事实取证并向执法组织举证,以使执法组织确定该事实。执法相对人不能提出证据的事实或者提出证据的事实都可以成为执法决定构成要件事实,这两种情况所形成的证据也都可以成为执法决定证据,如执法相对人提出许可申请但不依法提供证明符合许可条件的材料,则执法组织可依此作出不予受理的执法决定。

执法相对人关于法律权利义务的法律主张是执法决定内容的一部分,执法决定就是对执法相对人的法律权利义务设定处分(指对人执法而非对物执法),所以执法相对人法律主张对应的构成要件事实也是执法决定构成要件事实的一部分(一种执法根据),执法相对人取得和提供的证明其法律主张的证据自然也是执法决定构成要件事实证据的一部分,也就是执法相对人法律主张对应的构成要件事实及其证据在案件中转化为执法组织决定构成要件事实和证据,基于由执法组织负担决定构成要件事实确定之义务,执法相对人法律主张对应的构成要件事实之确定义务由执法组织负担。

同时,基于"谁主张、谁举证"和"谁举证、谁取证",执法相对人应就其法律主张对应的构成要件事实取证并向执法组织举证，其范围依法律规定。有时执法相对人需提供证明其法律主张对应的全部构成要件事实证据，多存在于依申请行政执法中，有时仅需要提供部分构成要件事实证据。在特殊情况下，基于法律明确特别的规定，执法相对人仅提出法律主张即可，不需要取证举证，该义务由执法组织负担。

在法律规定执法相对人只对其法律主张对应的部分构成要件事实负取证和举证义务，其他构成要件事实证据由执法组织取得和提供时，对于执法相对人法律主张而言是一种举证倒置，但是由于这部分构成要件事实同时属于执法决定构成要件事实，对证明这些要件事实的证据的取得和提供是执法组织作出执法决定必须履行的义务，因此，对于执法决定这一法律主张而言又不是举证倒置，从这个角度说，在行政执法中，对于执法决定而言是没有举证倒置问题的。

在法律有特别规定的情况下，执法相对人在向执法组织提出法律主张的同时可以不取证、举证，或者仅提供证据线索，而由执法组织取证，如有些行政救助等，对于执法相对人法律主张而言，是一种完全的举证倒置，如上所述，对于执法决定则不是举证倒置。这种情形下执法相对人提出法律主张本身就是一种决定构成要件，提出法律主张的事实就是决定构成要件事实，对这种事实的记述材料就是决定构成要件事实证据，而执法组织记述就是取证方式。

无论执法组织对执法相对人提供的与其法律主张对应的构成要件事实证据是接受还是依法自行收集该事实之证据，都是在履行对决定构成要件事实予以取证的义务。

最后，对于案件决定阻却要件事实确定义务及取证举证问题。

第一个层次，执法组织在作出案件决定前有义务确定决定构成要件事实和阻却要件事实，对于与构成要件实事相反的阻却要件事实，构成要件事实确定即意味着阻却要件事实确定，构成要件事实"有"且"是"意味着阻却要件事实"没有"或"有"但"不是"。对于法律特别规定的阻却要件事实则需要另外确定。否定执法决定的执法相对人、相关人不负确定阻却要件事实之义务，他们不是决定机关，其对阻却要件事实的确定不具有当然的法律效力，必须由执法组织再次进行确定认定。

阻却要件事实亦主要依靠证据确定，执法组织应当同时收集决定构成要件和阻却要件事实确定之证据，一旦取得阻却要件事实确定之证据，则相应案件决定不得作出，而应当作出与阻却要件事实转化的构成要件事实对应的案件决定（见上一节第九题）。

同时收集决定构成要件和阻却要件事实确定之证据一般被称为"全面调查"原则。这与"谁主张、谁举证"和"谁举证、谁取证"不同，其要求的是主张者对其法律主张构成要件事实负取证和举证义务，对阻却要件事实不负取证和举证义务，阻却要件事实的取证和举证义务由否定该法律主张的人负担，即主张者仅有为确定其法律主张对应的构成要件事实取证、举证之义务，对阻却要件事实确定不负取证、举证之义务。而执法组织对其执法决定这一法律主张对应的构成要件和阻却要件事实确定都负有取证、举证之义务。

由执法组织对执法决定的阻却要件事实负确定义务和取证

举证义务是因为，一是从外部要求上，执法决定一经作出只要不存在少数的无效要件事实就被推定为在法律上有效，具有公定力、确定力、拘束力和执行力，这与民事法律主张显著不同。执法决定的效力内容决定了这种法律主张很难改变，对执法相对人影响很大，从行政法规控行政权的角度来说，需要将对执法决定的阻却要件事实确定和取证举证义务分配给执法组织，由执法组织对执法决定的阻却要件事实取证举证并予以确定，以达到与执法决定推定有效相平衡的目的。既然执法决定被推定有效，那么执法组织就要负担该执法决定阻却要件事实确定和取证举证义务，以实现一种平衡。二是从内部要求上，如果存在阻却要件事实，无论是执法组织还是执法相对人的原因这种事实没有被查明，都意味着相应执法决定错误，纠正起来要耗费大量执法、司法、相对人等社会成本，如果是执法组织的原因还要承担法律责任，从追求最大限度作出正确执法决定提高执法质量的目标起见，执法组织自己也应当充分考虑阻却要件事实证据。三是法律赋予执法组织更多更强有力的取证权，由执法组织对阻却要件事实负确定和取证举证义务而不是由执法相对人负担更加公平。

第二个层次，由执法组织对执法决定的阻却要件事实负确定义务，负取证、举证义务，不影响否定执法决定的人对决定阻却要件事实取证、举证，参与阻却要件事实之确定，尤其是该执法决定对其不利的情况下。在这里，否定执法决定的人对决定阻却要件事实取证举证是一种权利，即其有权否定执法决定并对执法决定阻却要件事实取证、举证，以使执法组织确定该阻却要件事实，达到否定决定的目的。

第三个层次，否定执法决定的人对决定阻却要件事实取证举证不仅是一种权利，否定执法决定的人还有义务就决定阻却要件事实取证举证，这是"谁主张、谁举证"和"谁主张、谁取证"的直接要求，除法律另有特别规定，否定执法决定这一法律主张的人应当主张否定执法决定对应的阻却要件事实，应当就该要件事实取证、举证。

要特别注意的是，否定执法决定的人不能履行决定阻却要件事实取证举证义务不代表阻却要件事实确定，即"没有"或者"有"但"不是"阻却要件事实，这是与"谁主张、谁举证"不同的地方。之所以这样是因为，按照第一个层次的分析，作为案件事实的阻却要件事实的确定义务始终在执法组织，否定执法决定的人有义务就决定阻却要件事实取证举证，不意味着对阻却要件事实的确定义务转移到了否定执法决定的人身上，该义务仍在执法组织，否定执法决定的人仅是参与事实确定，其方式主要是取证、举证。否定执法决定的人不能履行决定阻却要件事实取证举证义务的，执法组织应当通过自己的取证举证来确定这部分要件事实。这里要将确实事实与取证举证分开。

无论执法组织接受否定执法决定的人提供的阻却要件事实证据还是自行就阻却要件事实取证都是在履行对决定阻却要件事实取证义务。

综上，执法组织对其执法决定构成要件事实和阻却要件事实均负有确定义务，并有为确定要件事实而合法取证的职责职权，在法律有规定的情况下负有举证义务。执法相对人向执法组织主张法律权利义务，要求基于此作出一个执法决定，该执法相对人应当就其法律主张对应的构成要件事实取证并向执法组织举证，法律另有规定的除外。否定执法决定的人有权利也有义务就其否定的执法决定对应的阻却要件事实取证、举证，但不免除执法组织确定阻却要件事实和就此取证、举证的义务。执法组织接受或者自行收集证据都是取证。

第五题　以推定方法确定案件要件事实

案件要件事实可以分为两类，一类是证据事实，另一类是免证事实，前者是必须使用证据方法予以确定的要件事实，后者是不使用证据而采用推定、认知等方法予以确定的要件事实。区分证据事实和免证事实主要看法律规定，基于确定要件事实以证据方法为原则，以推定、认知等免证方法为例外，法律规定为免证事实的，采免证方法确定，法律没有规定免证事实的，以证据方法确定。但也不尽然，如执法中的事实推定、执法认知显见行政法明文规定，为了保证执法绩效，依托法学理论参考其他部门法规定，通过理论构造分析区别，行政执法亦可使用推定、认知等通行的确定法律事实的方法。本题和下一题即对推定和认知这两种典型的确定法律事实的免证方法加以分析，以适用于行政执法案件要件事实确定。

以推定方法确定案件要件事实遵循法律上推定的一般原理。法律上所说的推定，非常复杂，认识也不统一，既可以存在于法律原则之中，如无罪推定，也可以存在于法律规范之中，更多地存在于法律案件之中。当我们说事实推定这个概念时，多指后两者，一般不指向法律原则。

推定这个概念，作为事实假定，其有两种基本形态，一种是存在于法条之中，另一种是存在于案件之中，两者有联系也有区别。前者是指法律关于推定的规定，即关于事实假定的规定，这种规定是为在案件中推定事实提供法律依据，有两种基本的规定方法，即"视为"和"推定"（与上一节第七题联系，含义不完全相同）。案件中的推定，是在案件中对案件要件事实的假定，即在案件办理过程中对不能直接使用证据加以证明的案件要件事实采用推定的方法予以确定的过程，这个过程又依依据的是法律规定还是经验法则分为法律推定和事实推定两类，依据法律规定进行的对案件要件事实的推定是法律推定，依据经验法则进行的对案件要件事实的推定是事实推定，两类都是指对案件要件事实的推定，区别在于依据不同，有时，这两类推定也被统称为事实推定，这两类推定由于学者们用词、用法多样，容易混淆。

一般而言，事实推定不指法律对推定的规定，而是指案件中对案件要件事实的推定，即上一段所说的第二类推定存在的形态。这种事实推定依上而言，既可以依据法律规定，也可以不依据法律规定单纯依据经验法则进行推定，但是，当法律对事实推定有规定时，必须依照该规定推定事实，而不能依据经验法则。如上所述，法律规定推定有"视为"和"推定"之分，对于"视为"的规定，一般认为这是一种对"推定"事实的绝对性质规定，依照该规定"推定"的案件要件事实是绝对确定的要件事实，既不允许以言辞反驳，也不允许以证据反证。

这与推定作为事实的"假定"含义不符,既然是"假定"就应当允许反驳,"视为"与"假定"两者是矛盾的,故当我们说事实推定时,一般不指向基于"视为"这种法律规定进行的推定。如我国《民法总则》第二十五条规定,"自然人以户籍登记或者其他有效身份登记记载的居所为住所;经常居所与住所不一致的,经常居所视为住所",一旦经常居所与住所不一致以及经常居所位置这两个事实在案件中被证据确定,则住所这个案件要件事实被确定,不允许反驳。尽管经常居所与住所是两个不同的案件事实,但基于法律的规定,经常居所绝对地被确定为是住所。

由此,事实推定,通常指向两种情况,即依据法律关于"推定"的规定在案件中推定要件事实,依据经验法则在案件中推定要件事实,不包括依据法律关于"视为"的规定在案件中推定要件事实。这是事实推定通常的、基本的含义,这是从上面几层分析得出来的结论。事实推定还有一种最狭义的用法,仅指在案件中依据经验法则推定要件事实,本题不采这种用法,采上面的基本含义。

事实推定虽然不包括基于法定"视为"的推定,但是基于法定"视为"确定案件要件事实仍不失为一种确定事实的方法,只是这种方法一般不放在事实推定中去研究,又因为这种事实认定方法法律规定较少且过程比较简单,很少作为一个专题研究,容易被忽略,这是需要注意的。基于法定"视为"确定案件要件事实在行政执法中同样存在,如我国《行政许可法》第五十条第二款规定,"行政机关应当根据被许可人的申请,在该行政许可有效期届满前作出是否准予延续的决定，逾期未作出决定的，视为准予延续"，实体法上的规定如我国《反不正当竞争法》第九条第二款规定，"第三人明知或者应知商业秘密权利人的员工、前员工或者其他单位、个人实施前款所列违法行为，仍获取、披露、使用或者允许他人使用该商业秘密的，视为侵犯商业秘密"，基于这类"视为"的规定，执法组织可以在案件中确定相关要件事实。

事实推定的逻辑结构是"三段论"演绎逻辑结构，其结构如下：

基础事实与推定事实之间的常态联系（T）为大前提；

特定基础事实确定（S）为小前提；

推定事实确定为结论（R）；

T→R（T之基础事实确定，通常R的推定事实确定）；

S=T（案件中的特定基础事实S确定）；

S→R（推定案件中与S对应的推定事实R确定）。

事实推定中的基础事实既可以是要件事实，也可以是非要件事实，既可以是法定事实，也可以是非法定事实，无论是哪种事实都需要由证据证明，除非这种事实系非事实推定的免证事实。基础事实的举证、取证义务人应依对应的推定事实（要件事实）举证、取证义务人确定。基础事实的证明标准要求很高，不应低于排除合理怀疑标准，在行政执法中一般应当达到绝对确定。这是因为连接基础事实与推定事实的经验法则本身就是一种盖然性联系，如果基础事实的证明标准再不高的话，推定出来的事实确定程度显然无法保证。

事实推定中的推定事实一定是要件事实，其在案件中是基于基础事实推定确定的，不由证据直接确定。这里的推定事实确定有四个含义，第一个是基于事实推定"三段论"只能推定出一个事实，不能推导出两个或者两个以上的事实，否则不是推定而是推论。第二个是被推定出的事实一定"是"某一个案件中的要件事实，推导出的事实属于非要件事实的也不是事实推定。第三个是被推定出的要件事实状态必居"是""有"但"不是""没有"其一。第四个是被推定出的要件事实确定程度须达到该要件事实的证明标准。基础事实与推定事实之间没有其他中间事实，只存在一种常态联系的关系，否则被推定出来的推定事实将变得非常不确定，这对于确定推定事实的目的来说是没有意义的。被推定出来的要件事实在经过反驳程序以前都是一种"假"确定状态，经过反驳并且推定事实仍然成立的，被推定出来的要件事实才是法律上的"真"确定。

基础事实与推定事实之间的关系是一种常态联系，本质上是一种经验法则，通常被称为高度盖然性的经验常识，也就是高度可能性的经验常识，类似于证明标准中的"清楚和有说服力的证明"。这里经验法则的意思是，如果基础事实被确定，则推定事实具有高度可能性被确定。

如果基础事实被确定，则推定事实必然被确定，这不是一种事实推定，而是事实推理，如前文我们谈到的基于法律"视为"规定来确定要件事实，又如依据公理、定理直接推理事实等，这种事实推理不是依据具有高度可能性的经验法则，而是依据法律的直接规定或者规律，这类被推导出来的事实是一种

"绝对确定"的事实，而不是具有高度可能性的事实。事实推理是一种确定案件事实的方法，与上文基于法律"视为"规定来确定要件事实的道理一样，基于法律"视为"规定来确定要件事实是与事实推定有联系的事实推理中的一个特例，正因为其与事实推定有联系，我们才在上文作了专门分析，它实际上是事实推理，不是事实推定。

作为基础事实与推定事实之间常态联系的经验法则可以上升为法律规定，即上文提到的法律对"推定"的规定，也可以不上升为法律规定而仅存在于事实认定者的认识之中（多数情况），前者在案件中必须且当然地作为事实推定的大前提予以适用，后者必须先对经验法则进行论证，只有该经验法则经论证成立才能作为事实推定的大前提。

对事实的推定作为一种事实假定，显然应当允许被反驳，反驳的方式分两种情况。对法律推定而言，不能反驳作为"三段论"大前提的经验法则的表现形式即法律对"推定"的规定，仅可以反驳作为小前提的基础事实，主张该事实未被确定。对于事实推定而言，既可以反驳存在于认定者认识之中的经验法则，主张该经验法则不成立，也可以反驳作为小前提的基础事实，主张该事实未被确定，只要有一个成立，就可以推翻推定事实确定的结论。经验法则不成立既可以从一般的角度也可以从特别的角度加以论证，一般的角度是指论证经验法则不具有"高度可能性"，特别的角度是指基于案件出现的特别事实经验法则不适用。对基础事实未被确定的论证就是论证基础事实系"真伪不明"，对于反驳推定事实被确定的结论，只要论证基础事实达到"真伪不明"程度即可,不需要论证到与基础事实确定状态相反的确定程度,如基础事实被确定为"有"且"是",只需要将其论证到"可能没有"或者"可能不是"的状态即可,而不需要论证到"没有"或"不是"的程度。

采用事实推定的方法确定要件事实是有条件的,或者说是有规则限制的,它不像以证据确定要件事实那样可以普遍地被使用。综上,采事实推定的规则条件至少包括:①要件事实不属于可以直接认定的事实(执法认知),也没有证据予以证明,或者虽有证据证明但无法达到证明标准。②遵守"三段论"演绎逻辑规则。③事实推定的经验法则必须被明确地表述且经过论证成立。④基础事实必须被确定。⑤事实推定不仅是允许反驳的,而且是应当经过反驳程序的。⑥全案要件事实不得均为推定事实。

事实推定的直接效果是使没有证据证明的某些要件事实得以确定,并基于此发生某些法律效果。对于要件事实确定义务方而言,如执法组织,更易于其查明要件事实,对于举证取证义务方而言,如事实推定成立,即可免除相关要件事实的举证、取证义务,如果无法举证、取证,还可以通过事实推定免除其举证责任,对于证明责任方而言,使用事实推定可以避免要件事实真伪不明,因此其证明责任得以免除。

第六题 以认知方法确定案件要件事实

执法认知是另一种在行政执法活动中确定要件事实的免证方法,它主要针对的是执法组织方面的要件事实,如执法组织权限要件，正因为这些要件事实有很多在行政执法案件中是免证的，所以在执法案卷中基本看不到证明这些要件事实的证据，如很少见到执法案件中会附有关于办案单位的三定规定（书证），但是在行政诉讼复议案件中，这些要件事实未必是免证的，通常需要执法组织提供相应证据，即这些要件事实在诉讼中通常不属于司法认知的对象。司法认知与执法认知既有联系也有区别，下面参考司法认知来分析执法认知。

在司法认知理论上，一般认为司法认知是指在诉讼中法官对特定案件事实予以直接认定，包括众所周知的事实和法官职务上知道的事实，不包括作为裁判依据的法律法规。同理，执法认知是指执法组织在执法活动中对特定案件事实予以直接认定，包括众所周知的事实和执法人员职务上知道的事实，不包括执法依据。司法认知和执法认知的认知对象显著不同不但在于司法职务和执法职务知悉事实的不同，还在于司法认知的事实通常不能是要件事实，而是与要件事实有关的事实，执法认知的事实既可以是要件事实也可以是与要件有关的事实。一是司法案件中的要件仅指司法机关处理的案件中相对方要件，如犯罪构成要件、民事法律行为要件等不指向司法机关角度的要件，而行政执法案件中的要件指向执法组织和执法相对人双方要件。二是无论司法案件还是执法案件，对于司法机关和执法机关相对方要件事实都不宜以认知这种单一方式直接确定，而不使用任何证据证明、事实推理或者事实推定方法，这是没有说服力的。以认知方法确定的案件事实，在相对方方面一般只能是要件事实以外的案件事实，如事实推理中的基础事实。三是因在执法案件中要件事实可以指向执法组织方面的要件事实，又因为执法认知的事实包括执法人员职务上知道的事实，执法组织方面的要件事实属执法人员职务上知道的事实，故执法案件执法组织方面的要件事实可依执法认知直接确定。

众所周知的事实是指在一定区域具有一般知识和经验的不特定多数人都知道和相信的事实，在行政执法上其证明标准最低应当达到排除合理怀疑，一般应为绝对确定。众所周知的事实具有显著性、公知性，包括历史事实，事物状态和自然界的变化，常识性事实，时事新闻，行政区划，通过地图、字典、日历等权威资料可以直接认定的事实等。众所周知的事实的形成条件有三个，一是该事实在执法组织处理案件时属众所周知。二是该事实只要在执法组织地域管辖范围内达到众所周知即可，不需要达到全国、全世界都知道的程度。三是该事实为处理案件的执法人员所知晓。

执法职务上知道的事实是指执法人员因职务行为而知晓的事实，具有亲历性、职务性，该事实证明标准应当达到绝对确定。这类事实包括执法组织方面的部分要件事实，其在每一个执法案件中均可予以直接认定，此外还包括各种政务信息事实，执法体制实体程序性事实，执法人员目睹之案件事实等。执法职务上知道的事实形成条件有三个，一是该事实为办案执法人员所知晓，他人是否知晓在所不问。二是该事实是办案执法人员在执法工作中所知晓的事实，是因职务行为所知晓的事实。三是该事实为办案人员实知、时知，是在确定案件事实时实际知道的事实，既不是应当知道的事实，也不是需要查阅相关资料后才知道的事实。

执法组织确定的执法认知事实应当告知执法相对人，除法律另有规定外，应当允许执法相对人反驳，反驳成立的，相应事实不得被确定。

除推定和认知的事实属免证事实外，学界有学者认为司法领域当事人自认事实、预决事实等亦属免证事实，这里不作讨论。在行政执法上，当事人自认事实以当事人陈述证据形式存在，预决事实如以往生效的司法判决、执法决定、仲裁裁决、公证书等所载事实以书证证据形式存在，这些事实明显属于证据事实而非免证事实，这类事实的确定应当采证据方法确定。

无论以证据方法还是免证方法确定要件事实都需达到该要件事实证明标准，未达到证明标准的要件事实不得被确定。

第四节　案件要件事实不能确定时的决定方法

在这里，采用前文讨论过的内容并加以延伸来解决案件要件事实不能确定时如何作出执法决定这个问题，对于必要的证明责任理论仅作少量涉及。先作简要回顾，然后讨论不确定要件事实的一般理论，这是一个前提，再讨论与之对应的决定方法。

第一题　关于要件事实确定以及对应的决定作出的简要回顾

通过前文的讨论可知，要件事实确定是指事实"有"且

"是",再扩展一下还包括"有"但"不是"以及"没有",为表述方便,在本题中采用法学界通行的说法,将前者称为事实存在,后两者称为事实不存在,这样要件事实确定就转变为事实存在或者不存在。同时,要件还是一个数量的概念,设一执法事项有要件A、B、C、D、E五个,当我们说案件事实确定时是指要件事实整体意义上的确定,在存在这个意义上,案件事实确定是指这五个要件事实全部存在,缺一不可,在不存在的意义上,案件事实确定是指这五个要件事实只要有一个不存在则案件事实即为不存在,无论案件事实存在还是不存在,判断的标准都是案件事实的证明(确定)标准。

在案件事实被确定为存在时,要件事实对应的执法决定被作出,在案件事实被确定为不存在时,执法决定也应当作出,这种执法决定通常是与要件事实存在对应的执法决定相反或相关的决定(联系本章第二节第九题,两者实际就是构成要件与阻却要件事实确定)。如在依职权的行政处罚案件中,某一处罚事项案件事实被确定为存在时,要作出一个给予行政处罚的决定,如果案件事实被确定为不存在,则需作出一个不予行政处罚的决定。如在依申请的行政许可案件中,某一许可事项案件事实被确定为存在时,要作出一个准予行政许可的决定,如果案件事实被确定为不存在,则需作出一个不予行政许可的决定,这些决定都对应着确定的要件事实,都是在遵循行政执法理由演绎逻辑"三段论"基础上作出的决定。在执法实践中,除了案件要件事实确定为存在或者不存在这两种状态外,还有一种状态是案件要件事实无法确定为存在还是不存在,即案件要件事实不确定，法学界通常将要件事实不确定称为事实真伪不明，这种状态下，在行政执法案件中如何作出执法决定就是本题要讨论的内容，也就是在执法案件任一要件事实"可能有"也"可能没有"或者"可能是"也"可能不是"状态下如何作出执法决定。

第二题　何为要件事实不确定

所谓案件要件事实不能确定，可以从两个方面理解，以是否达到事实确定标准即证明标准来区分：一方面，特定要件事实存在与不存在的可能性都达到了该要件事实的证明标准，如证明要件事实存在的证据与证明要件事实不存在的证据所证明的同一要件事实都达到了证明标准，又如以不同推定方法推定同一要件事实，可以得出要件事实存在与不存在两个相反的结论且都达到了证明标准等，此时的要件事实不能被确定。另一方面，特定要件事实存在与不存在的可能性都达不到证明标准，此为典型要件事实不确定。以上两类是在有事实确定方法对要件事实予以确定的情况下的分类，极端的情况是，有的要件事实没有任何方法能够用来确定其是否存在，此时谈不上能不能达到证明标准问题，但在广义上可以归为达不到证明标准这一类，也属于明显的要件事实不确定。

第三题　要件事实不确定情况下作出执法决定的一般理论：与民事诉讼证明责任理论比较

讨论要件事实不能确定时的执法决定方法以下列讨论为前提。

第一，行政执法案件中是否存在不确定要件事实？要件事实不确定也称要件事实真伪不明，在民事诉讼法上，据研究，英美法系和大陆法系对真伪不明的事实有不同认识，英美法系一般不承认有真伪不明的事实，凡是有所谓真伪不明的事实都认定为不存在，即在法律上认为此事实没有发生过，而大陆法系则认为存在真伪不明的事实。

第二，我国法律制度体系包括行政法律制度体系主要借鉴的是大陆法系法律制度，除法律另有规定外，行政执法中对不确定事实问题宜采大陆法系观点，即认为在行政执法中存在不确定事实问题。在民事诉讼上，法学界基于相似的理由，一般也认为存在真伪不明的事实。

第三，作为法律适用的法院裁判和作为法律执行的执法决定都以法律"三段论"演绎逻辑为基础，大前提是实体法规范规定的法律要件及法律后果，小前提是要件事实，两者都必须确定才能得到一个裁判或者决定，如果作为小前提的要件事实真伪不明或者说不确定，就意味着这种"三段论"没有办法适用，也就是作为大前提的实体法规范不适用，这种说法即是法规范不适用说。

第四，既然实体法规范不适用，那么在一个民事诉讼或者执法案件中是不是就可以不作出一个实体性的裁判或者决定呢？理由就是实体法规范不适用？在民事诉讼上是不行的，这里有一个原理叫作法官不得拒绝裁判，对于进入民事诉讼的案件（不存在不予受理和驳回起诉等情形），法官必须给出一个实体判决，将实体法律权利义务在诉讼当事人双方间进行实质性分配，而不能对实体性诉讼请求未置可否。法官不得拒绝裁判的原因是，民事诉讼是解决民事纠纷争议的最终途径，如果仅作出一个程序裁决而不作出实体判决等于纠纷争议没有解决，违背法院民事诉讼存在之目的。而在执法案件中，执法组织面对作为执法根据的案件要件事实也总是要作出一个执法决定，不论面对的是确定事实还是不确定事实，不作任何表示也是一个执法决定，即"不予处理"。

但是，这里的执法决定与法院裁判有一个重大区别，就是在于面对不确定事实，执法决定可以是一个程序决定，而法院裁判必须是一个实体裁判，正是这一区别导致了面对不确定事实，民事诉讼和行政执法采用不同方法作出裁判和决定成为可能。执法组织在面对不确定事实作出一个程序决定的理由如果与法官不得拒绝裁判比较，那就是行政执法存在的目的并非解决纠纷争议，而是维护公益、秩序，保护个人权益，在面对不确定事实时，除非法律另有规定，执法组织既无必要也不应当作出一个实体决定对执法相对人实体法律权利义务进行设定处分，基于行政法的"控权"本质和依法执法原则，任一实体行政执法决定必须具有行政实体法依据。在这一点上，执法决定并不类似于民事裁判，而应当类似于同为公法执行的刑事执法（而不是刑事司法裁判）。

第五，在民事诉讼中实体法规范不适用还必须作出一个实体判决，这如何能做到呢？靠的就是民事诉讼证明责任及其分配理论，这个理论很复杂，张卫平老师在为诉讼法大师德国的罗森贝克在21岁时写就的名著《证明责任论》中译本（庄敬华译）所作序言中，称证明责任为"猜想级"问题，这里不展开，仅作必要的概括介绍。

证明责任包括行为意义上的举证责任和结果意义上的证明责任，一般认为后者为证明责任的实质含义，即当民事诉讼案件事实真伪不明时所承担的不利后果，这种不利后果在民事诉讼当事人之间的分配即证明责任分配问题，依不同的理论和规定有不同的分配规则，占主导的理论学说是罗森贝克规范说，该说用一句话归纳就是，各当事人应对有利于自己的实体规范要件事实加以主张和举证，否则应当承担证明责任。这意味着，对于真伪不明的要件事实而言，对哪个当事人有利，哪个当事人就有义务主张举证，如果该当事人不能证实该事实使其摆脱真伪不明状态，他就要承担败诉的不利后果（实体裁判），即承担证明责任。证明责任及其分配理论和规定是为了解决法官在面对真伪不明事实时作出实体裁判的困难而提供的一种裁判方法。

第六，上面讨论民事诉讼中的证明责任及其分配问题的目的是找出其中的原理以供行政执法借鉴。从法律适用必须遵循法律"三段论"角度讲，民事诉讼中实体法规范不适用情况下还能作出一个实体裁判，就在于以证明责任及其分配规则替代了原来作为大前提的实体法规范，以不确定要件事实替代了原来作为小前提的要件事实确定，通过演绎推理得出一个实体裁判。以这个过程看，对于原来的实体法规范而言是"三段论"不适用，而对于证明责任及其分配规则而言又是"三段论"适用，是在实体法规范"三段论"之外创设了证明责任及其分配规则"三段论"。以罗森贝克规范说为例演示转换过程如下：

由：法规范适用"三段论"（要件事实确定时适用）；

具备 T 之实体规范要件产生 R 的法律后果；

特定民事诉讼案件 S 事实满足 T（确定）；

对该案件 S 作出 R 的裁判。

转化为：法规范不适用"三段论"（要件事实不确定时适用）；

当事人应对有利于自己的实体规范要件事实加以主张和举证，否则判决其败诉（证明责任分配规则）；

当事人不能证实对其有利的真伪不明的要件事实；

判决该当事人败诉。

一般认为，证明责任分配规则是由实体法规定的，关键是如何在理论上恰当地总结并在法律上如何更加科学地加以规定。证明责任不是由法官自由分配的，法官必须按照实体法规定的证明责任分配规则进行分配，因为由法官自由分配证明责任无异于法官专断案件，证明责任如何分配在存在不确定事实的案件中将直接左右裁判结果。

第七，通过上面的分析可知执法案件存在要件事实不确定问题，此时也意味着行政实体法规范不适用，以行政实体法规范为前提的"三段论"不适用（实体法行政执法理由无法形成），但此时还必须形成一个执法决定，这个决定可以是程序决定，为什么可以是程序决定？以法律执行必须遵循法律"三段论"角度讲，是因为这符合法适用、法执行面对不确定要件事实应当形成一个终结适用执行法律的程序性法效果的一般情况。基于法律"三段论"，形成实体法效果必须以要件事实确定为前提，要件事实不确定就只能形成一个不实际设定处分法适用、法执行对象实体法律权利义务的程序性法效果，将法适用、法执行予以终结。这是因为，构成要件事实不确定所以不能形成与之相对应的实体法效果，阻却要件事实也不确定所以也不能形成相对应的实体法效果，所以只能形成一个终结程序法效果。这是法律执行适用的一般情况。民事诉讼属于特殊情况，特殊在法官不得拒绝裁判，不能给出程序裁决，只能作出实体判决，而行政执法并没有这样的特殊要求，它应当依照面对不确定要件事实应当形成一个终结适用执行法律的程序性法效果的一般情况，在不确定要件事实案件中作出执法决定。

第八，法适用、法执行面对不确定要件事实形成一个终结适用执行法律的程序性法效果的一般情况的"三段论"演绎逻辑是：

要件事实不确定则终结法律程序；

特定案件要件事实不确定；

终结该案法律程序。

民事诉讼面对不确定案件事实即实体法规范"三段论"逻辑不适用时，首先应当考虑的是上面这种逻辑作出裁判，但由于法官不得拒绝裁判，这种逻辑也不适用，才会转到以证明责任分配规则为前提的法不适用"三段论"逻辑，以此作出实体判决。可见，民事诉讼裁判面对不确定事实存在三种逻辑，而行政执法到了第二种逻辑即法适用、法执行面对不确定要件事实应当形成一个终结适用执行法律的程序性法效果的一般情况的"三段论"就可以解决问题了，不需要如民事诉讼证明责任及其分配那种复杂理论来解决面对不确定要件事实如何作出执法决定的问题（至于行政执法中有没有证明责任问题这里不展开讨论）。

通过以上分析，得出一个基本的结论：除法律另有规定外，执法案件要件事实不确定时应当作出一个终结案件的程序决定，以此确定案件要件事实不能确定时的决定方法。

第四题　要件事实不能确定时的决定方法

一方面，法律、法规等执法依据对要件事实不确定情况下的执法决定有规定的，依照该规定作出执法决定。

这类不确定事实在法律上通常用"嫌疑""可能""不能确定"等语词表示。

这类不确定事实的存在状态可以分为两种，一种是不确定要件事实存在于目标决定的启动和查证阶段，为确定目标决定要件事实，法律规定了阶段决定，以期通过阶段决定查明要件事实，此时依法律规定作出执法决定。在这一阶段，为了保证执法案件顺利办理，应当作出这样的推定：除法律另有规定外，目标决定要件事实不确定的，执法组织有权依法作出阶段决定以确定目标决定要件事实，这种权力不限于法律的特别授权（一般授权即可，即具有相应职责）。另一种是不确定要件事实存在于目标决定的决定阶段，执法期限届满经过查证仍不能确定案件要件事实，法律作出相应的目标决定规定，此时需依法律规定作出执法决定。

例如，我国《会计法》第三十二条规定，"财政部门对各单位的下列情况实施监督：……（二）会计凭证、会计账簿、财务会计报告和其他会计资料是否真实、完整；……对前款第（二）项所列事项实施监督，发现重大违法嫌疑时，国务院财政部门及其派出机构可以向与被监督单位有经济业务往来的单位和被监督单位开立账户的金融机构查询有关情况，有关单位和金融机构应当给予支持"。这一规定明确了，在会计行政命令、会计行政处罚等执法决定行为结果等要件事实不确定时，为查明该要件事实，执法组织可以作出行政查询执法决定，属阶段决定。

我国《精神卫生法》第三十五条第一款规定，"再次诊断结论或者鉴定报告表明，不能确定就诊者为严重精神障碍患者，或者患者不需要住院治疗的，医疗机构不得对其实施住院治疗"。这一规定明确了，对严重精神障碍患者实施强制住院治疗执法事项相对人法律行为构成要件之行为意识要件，在这里为严重精神障碍，该要件事实不能确定时，该执法事项执法组织即特定医疗机构应当作出不予实施住院治疗的执法决定，属目标决定。再如，我国《土地复垦条例》第三条第一款规定，"生产建设活动损毁的土地，按照'谁损毁，谁复垦'的原则，由生产建设单位或者个人（以下称土地复垦义务人）负责复垦。但是，由于历史原因无法确定土地复垦义务人的生产建设活动损毁的土地（以下称历史遗留损毁土地），由县级以上人民政府负责组织复垦"。这一规定明确了，土地复垦这一执法事项相对方行为主体要件事实不能确定时，应当作出由县级以上人民政府组织复垦的决定，属目标决定。

另一方面，法律、法规等执法依据对要件事实不确定情况下的执法决定没有规定的，执法组织应当作出终结案件的程序决定，结束执法组织与执法相对人之间的行政法关系。

依职权行政执法由执法组织发动，执法组织意图作出一个以其职责职权行使为内容的目标决定，执法组织依法履行了要件事实确定义务但在该决定对应的要件事实在执法期限届满时仍不能确定的，因行政执法理由无法形成，故目标决定不能作出，在法律没有特别规定的情况下，只能作出一个终结其执法活动的程序决定。

依申请行政执法由执法相对人发动，执法相对人意图执法组织作出一个以其申请的法律权利义务设定处分为内容的目标决定，执法组织依法履行了要件事实确定义务但在该决定对应的要件事实在执法期限届满时仍不能确定的，因行政执法理由无法形成，故目标决定不能作出，在法律没有特别规定的情况下，只能作出一个终结其执法活动的程序决定。

主要参考文献

[1] 梁慧星：《民法解释学》，中国政法大学出版社1995年版。

[2] 梁慧星：《裁判的方法》，法律出版社2003年版。

[3] 张志铭：《法律解释学》，中国人民大学出版社2015年版。

[4] 姜明安：《行政法》，北京大学出版社2017年版。

[5] 陈兴良：《教义刑法学》，中国人民大学出版社2010年版。

[6] 何秉松：《犯罪构成系统论》，中国法制出版社1995年版。

[7] ［美］E. 博登海默：《法理学：法律哲学与法律方法》，邓正来译，中国政法大学出版社1998年版。

[8] ［德］奥托·迈耶：《德国行政法》，刘飞译，商务印书馆2002年版。

[9] 王旭：《行政法解释学研究：基本原理、实践技术与中国问题》，中国法制出版社2010年版。

[10] 伍劲松：《行政解释研究：以行政执法与适用为视角》，人民出版社2010年版。

[11] 张弘、张刚：《行政解释论：作为行政法之适用方法

意义探究》，中国法制出版社 2007 年版。

［12］［德］莱奥·罗森贝克：《证明责任论：以德国民法典和民事诉讼法典为基础撰写》，庄敬华译，中国法制出版社 2001 年版。

［13］夏云峰：《普通行政执法学》，中国法制出版社 2018 年版。

［14］夏云峰：《行政执法重点实务业务工作》，中国法制出版社 2015 年版。

［15］王正斌：《行政行为类型化研究》，中国政法大学 2006 年博士学位论文。

［16］李坚：《不确定性问题初探》，中国社会科学院研究生院 2006 年博士学位论文。

［17］姜明安主编：《行政执法研究》，北京大学出版社 2004 年版。

［18］应松年主编：《行政法与行政诉讼法》，法律出版社 2009 年版。

［19］胡建淼主编：《法律适用学》，浙江大学出版社 2010 年版。

［20］张文显主编：《法理学》，高等教育出版社 2007 年版。

［21］高铭暄主编：《刑法学原理》，中国人民大学出版社 2005 年版。

［22］关保英主编、陈书笋副主编：《行政法认识史》，中国政法大学出版社 2008 年版。

［23］关保英主编、章志远副主编：《行政法思想史》，中国

政法大学出版社 2008 年版。

［24］马佩主编：《逻辑哲学》，上海人民出版社 2008 年版。

［25］陈卫东、谢佑平主编：《证据法学》，复旦大学出版社 2005 年版。

［26］张志铭：《法律解释学》的内容框架与写作场景，《国家检察官学院学报》2016 年第 1 期。

［27］陈金：从行政复议制度反思行政法的解释规则，《重庆科技学院学报（社会科学版）》2012 年第 13 期。

［28］余凌云：法院如何发展行政法，《中国社会科学》2008 年第 1 期。

［29］张淑芳：行政法的适用，《法学研究》2000 年第 5 期。

［30］王旭：行政法律裁判中的合宪性解释与价值衡量方法——对一个行政案件法律推理过程的具体考察，《行政法学研究》2007 年第 1 期。

［31］王天华：行政法上的不确定法律概念，《中国法学》2016 年第 3 期。

［32］尹建国：行政法中不确定法律概念的类型化，《华中科技大学学报（社会科学版）》2010 年第 6 期。

［33］张弘：行政判例制作中的法律解释，《北方法学》2011 年第 3 期。

［34］王锡锌：行政正当性需求的回归——中国新行政法概念的提出、逻辑与制度框架，《清华法学》2009 年第 2 期。

［35］伍劲松：行政执法解释之价值分析，《武汉大学学报（哲学社会科学版）》2010 年第 3 期。

[36] 方世荣、宋涛：行政执法主体对法律规范的非正式解释及司法审查，《国家行政学院学报》2010年第6期。

[37] 游辉：论法律解释在行政法适用中的作用，《法制与经济》2009年第1期。

[38] 刘卉：论法律解释作为行政执法依据的正当性，《武汉理工大学学报（社会科学版）》2016年第3期。

[39] 黄竹胜：论行政法解释的发生条件和存在形态，《河北法学》2005年第7期。

[40] 朱新力：论行政法律解释，《浙江大学学报（人文社会科学版）》1999年第2期。

[41] 黄竹胜：论行政法治主义与行政法解释，《内蒙古社会科学（汉文版）》2005年第1期。

[42] 王雪、朱保军：论行政解释的过程性，《法制与社会》2009年第33期。

[43] 伍劲松：论行政执法解释的具体原则，《当代法学》2010年第4期。

[44] 上官丕亮：论行政执法中的应用性法律解释，《行政法学研究》2014年第2期。

[45] 覃俊翔：论具体行政解释的审查基准，《广西政法管理干部学院学报》2010年第3期。

[46] 李广德：认识论转向与法律解释原理构建——评张志铭教授《法律解释学》，《法学评论》2017年第6期。

[47] 滕明荣、马玲：谁在解释行政法——对行政法解释主体的思考，《行政与法》2011年第6期。

［48］方世荣：我国行政解释的几个新问题初探，《中国政法学院学报》1989 年第 1 期。

［49］伍劲松：论行政执法解释之基本方法，《甘肃行政学院学报》2010 年第 3 期。

［50］陈坤：法律、语言与司法判决的确定性——语义学能给我们提供什么，《法制与社会发展》2010 年第 4 期。

［51］李永升、付其运：关于法官如何吸纳和体现民意的思考——以判文解释为视角，《政治与法律》2012 年第 10 期。

［52］唐敏杰：论法官法律解释的客观性，《牡丹江师范学院学报（哲社版）》，2007 年第 3 期。

［53］姚曙明：司法判决的不确定性及其矫正，《湖南工业大学学报（社会科学版）》2010 年第 2 期。

［54］单忠献：司法判决理由的法律解释的不足与完善建议，《行政与法》2010 年第 6 期。

［55］陈林林、王云清：司法判决中的词典释义，《法学研究》2015 年第 3 期。

［56］魏治勋：无权解释的交往能力及其司法实践价值——以司法过程中无权解释与法官解释的交往关系为中心，《山东大学学报（哲学社会科学版）》2015 年第 4 期。

［57］魏宏：法律规范的社会学内涵，《法律科学》1996 年第 4 期。

［58］陈历幸：法律规范逻辑结构问题新探——以现代西方法理学中"法律规范"与"法律规则"的不同内涵为背景，《社会科学》2010 年第 3 期。

[59] 陈世荣：论法律规范的若干问题，《北方交通大学学报（社会科学版）》2002年第1期。

[60] 付八军："属性"三议——一个被哲学界遗忘却被其他学科滥用的概念，《绍兴文理学院学报》2017年第5期。

[61] 陈永生：法律事实与客观事实的契合与背离——对证据制度史另一视觉的解读，《国家检察官学院学报》2003年第4期。

[62] 王金福、徐钊：论对文本的理解与对事物的认识的区别——兼论解释学和哲学相互过渡的逻辑通道，《江苏社会科学》2010年第4期。

[63] 孔祥俊：论法律事实与客观事实，《政法论坛（中国政法大学学报）》2002年第5期。

[64] 王建士：论概念反映的对象与属性——兼谈形式逻辑关于概念的定义，《华侨大学学报（哲学社会科学版）》1987年第2期。

[65] 赵家祥：论概念和规律的抽象性及其应用的具体性，《知与行》2015年第1期。

[66] 彭漪涟：论事实——关于事实的一般涵义和特性的探讨，《学术月刊》1991年第11期。

[67] 江崇国、文光：论事实的构成、性质和作用，《陕西师大学报（哲学社会科学版）》1992年第4期。

[68] 陈新来：事物的性质究竟由什么规定？，《宁波师院学报（社会科学版）》1996年第4期。

[69] 曹鹏：试论结构变化引起性质变化，《学习与探索》

1982年第6期。

［70］吕国忱：现象的认识及其在认识过程中的地位，《学习与探索》1988年第1期。

［71］彭漪涟：再论事实——评有关事实分类的某些观点，《学术月刊》1994年第7期。

［72］铃木敬夫、陈根发：论拉德布鲁赫的"事物的本性"，《太平洋学报》2007年第1期。

［73］周斌、薛平：论因果性，《自然辩证法研究》2007年第9期。

［74］高文新：探索事物本性推进法律实践——《司法理论与司法模式》评介，《河北法学》2008年第1期。

［75］沈耕：因果性、合目的性和历史决定论，《哲学研究》1988年第8期。

［76］李丹：从"证明责任"谈"证明标准"，《法制与经济》2017年第2期。

［77］于安：德国法上行政行为的构成，《中国法学》1999年第5期。

［78］符军锋、范宝兰：试论证明标准与证明责任的关系，《山西科技》2008年第3期。

［79］段后省：证明责任、证明标准和证明评价的实践互动与制度协调，《南京师大学报（社会科学版）》2007年第3期。

［80］尹西明：法律后果论，《河北社会科学》1999年第1期。

［81］陈仲：关于法律后果的法理分析，《四川文理学院学

报（社会科学版）》2009年第3期。

［82］许少波：论否定性法律后果的立法设置——以救济当事人民事诉讼权利为主的考察，《法学评论》2005年第1期。

［83］邹爱华：评"法律规范由行为模式和法律后果构成"，《湖北大学成人教育学院学报》2002年第5期。

［84］卢勤忠：程序性构成要件要素概念提倡，《法律科学（西北政法大学学报）》2016年第6期。

［85］王充：构成要件的历史考察——从诉讼概念到实体概念的嬗变，《当代法学》2004年第5期。

［86］苏雄华：二元论下行为概念的分层建构，《武警学院学报》2007年第7期。

［87］张维静：法国与德国行政行为概念的比较分析——兼论我国行政行为概念之完善，《法制博览》2015年第16期。

［88］窦海阳：法律行为概念的再思考，《比较法研究》2016年第1期。

［89］孙晓红：法律行为概念与构成问题，《山东工商学院学报》2006年第3期。

［90］孙永生：法律行为概念证伪，《甘肃政法学院学报》2016年第3期。

［91］胡东飞：犯罪构成视野中的行为概念——兼谈"犯罪"认定的观念指导，《中国刑事法杂志》2002年第5期。

［92］陈裕琨：分析法学对行为概念的重建，《法学研究》2003年第3期。

［93］王海明：行为概念辩难，《北京大学学报（哲学社会

科学版）》1999 年第 6 期。

［94］阎二鹏：行为概念的厘清——以行为论机能之反思与再造为视角，《法制与社会发展》2013 年第 5 期。

［95］田旭：行为概念与行为体系的重新界定——以不作为犯罪为研究对象，《甘肃行政学院学报》2015 年第 5 期。

［96］杨海坤、蔡翔：行政行为概念的考证分析和重新建构，《山东大学学报（哲学社会科学版）》2013 年第 1 期。

［97］章志远：行政行为概念之科学界定，《浙江社会科学》2003 年第 1 期。

［98］章志远：行政行为概念重构之尝试，《行政法学研究》2001 年第 4 期。

［99］王红建：行政事实行为概念考，《河北法学》2009 年第 7 期。

［100］魏学涛：论刑法中的行为概念界定，《铁道警官高等专科学校学报》2011 年第 2 期。

［101］宋炳庸：哲学与法律行为概念名称，《东疆学刊》2004 年第 2 期。

［102］杜金榜：从法律语言的模糊性到司法结果的确定性，《现代外语》2001 年第 3 期。

［103］刘钢：论法律话语理论从德沃金到哈贝马斯的演化，《暨南学报（哲学社会科学版）》2009 年第 1 期。

［104］陈炯、钱长源：中国法律语言发展和演变述论，《江南社会学院学报》2000 年第 4 期。

［105］李旭东：法律话语的概念及其意义，《法律方法与法

律思维》第五辑。

[106] 陈金钊：法理学之用及其法律话语体系的建构，《法治现代化研究》2017年第3期。

[107] Teun A. van Dijk：社会认知、社会权势与社会话语，施旭摘译，《国外语言学》1991年第3期。

[108] 卢建军：马克思、哈贝马斯的交往理论与行政执法的改进，《南通大学学报（社会科学版）》2010年第4期。

[109] 陈岳芬：深刻理解"话语研究"——梵·迪克《话语研究——多学科导论》解读，《新闻大学》2016年第1期。

[110] 江必新：在法律之内寻求社会效果，《中国法学》2009年第3期。

[111] 陈嘉映：常识与理论，《南京大学学报（哲学·人文科学·社会科学）》2007年第5期。

[112] 张建一：从实质违法性看"常识、常理、常情"，《湖南公安高等专科学校学报》2009年第2期。

[113] 时显群：行政执法中法律与情理的冲突及其处理，《中国行政管理》2011年第11期。

[114] 叶一舟：论常识判断与法律判断的衔接与转化，《政法论丛》2014年第4期。

[115] 周光权：论常识主义刑法观，《法制与社会发展》2011年第1期。

[116] 陈嘉映：日常概念与科学概念，《江苏社会科学》2006年第1期。

[117] 江国华、周海源：司法理性的职业性与社会性——

以裁判效果为视角,《学习与探索》2015 年第 2 期。

[118] 王钧:刑法解释的常识化,《法学研究》2006 年 6 期。

[119] 姜孟亚:客观事实、案件事实与法律事实之辨析——法文化解释学的重新解读,《中共南京市委党校市行政学院学报》2007 年第 4 期。

[120] 赖声利、樊明亚、黄雅婷:民事行为与行政行为的构成要件比较研究,《上饶师范学院学报》2009 年第 1 期。

[121] 赵典山、李春光:行政指导的法律定性及其构成要件初探,《山西警官高等专科学校学报》2006 年第 4 期。

[122] 余洪涛:论行政违法行为的构成要件,《江西公安专科学校学报》2008 年第 4 期。

[123] 张明楷:规范的构成要件要素,《法学研究》2007 年第 6 期。

[124] 沈亚萍:行政诉讼证明责任分配规则研究——以法律要件说为切入点,《黑龙江政法管理干部学院学报》2013 年第 4 期。

[125] 李林:实体法与程序法,《人大工作通讯》1999 年第 11 期。

[126] 陆宇峰:论现代社会中实体法与程序法分离,《云南大学学报法学版》2011 年第 1 期。

[127] 李龙、闫宾:历史维度中的实体法与程序法,《河北法学》2005 年第 7 期。

[128] 肖凤城:论"法即程序"——兼论行政程序法的重要性,《行政法学研究》1997 年第 1 期。

[129] 王雄飞:论事实推定和法律推定,《河北法学》2008

年第 6 期。

［130］俞惠斌：事实推定的逻辑结构与运用方法，《北京工业大学学报（社会科学版）》2006 年第 4 期。

［131］朱健、徐胜萍：司法认知：概念界定与制度构建，《人民司法》2012 年第 7 期。

［132］崔敏：对"司法认知"的认识及反思，《保山学院学报》2013 年第 5 期。

［133］王青：论司法认知与免证事实，《山东警察学院学报》2005 年第 6 期。

［134］邵明：诉讼中的免证事实，《中国人民大学学报》2003 年第 4 期。

［135］占善刚：我国刑事诉讼中免证事实之应有范围及其适用——以《人民检察院刑事诉讼规则》第 334 条为分析对象，《中国刑事法杂志》2009 年第 10 期。

［136］徐璐：行政程序证明责任真伪辩，《西南民族大学学报（人文社会科学版）》2017 年第 2 期。

［137］苟吉芝：论行政证据证明责任的承担，《河南省政法管理干部学院学报》2005 年第 4 期。

［138］张卫平：证明责任概念解析，《郑州大学学报（社会科学版）》2000 年第 6 期。

［139］李浩：证明责任与不适用规范说——罗森贝克的学说及其意义，《现代法学》2003 年第 4 期。

［140］胡东海："谁主张谁举证"规则的历史变迁与现代运用，《法学研究》2017 年第 3 期。

图书在版编目（CIP）数据

行政执法解释理论与实务技术操作／夏云峰著．——北京：中国法制出版社，2020.4（2021.5 重印）
ISBN 978-7-5216-1000-0

Ⅰ.①行… Ⅱ.①夏… Ⅲ.①行政执法-法律解释-中国 Ⅳ.①D922.114.5

中国版本图书馆 CIP 数据核字（2020）第 058759 号

策划编辑　谢雯（xiewen629@163.com）
责任编辑　谢雯　王紫晶　　　　　　　　　　封面设计　杨泽江

行政执法解释理论与实务技术操作
XINGZHENG ZHIFA JIESHI LILUN YU SHIWU JISHU CAOZUO

著者／夏云峰
经销／新华书店
印刷／三河市紫恒印装有限公司
开本／880 毫米×1230 毫米　32 开　　　　　印张／8　字数／146 千
版次／2020 年 4 月第 1 版　　　　　　　　　2021 年 5 月第 5 次印刷

中国法制出版社出版
书号 ISBN 978-7-5216-1000-0　　　　　　　定价：32.00 元
北京西单横二条 2 号
邮政编码 100031　　　　　　　　　　　　　传真：010-66031119
网址：http：//www.zgfzs.com　　　　　　　编辑部电话：010-66010493
市场营销部电话：010-66033393　　　　　　邮购部电话：010-66033288

（如有印装质量问题，请与本社印务部联系调换。电话：010-66032926）